131
oración

El Alimento que Sana

Perry Stone

Comunion tener una intimidad con Dios, hijo, y Espiritu Santo.

Casa Creación
A Strang Company

La mayoría de los productos de Casa Creación están disponibles a un precio con descuento en cantidades de mayoreo para promociones de ventas, ofertas especiales, levantar fondos y atender necesidades educativas. Para más información, escriba a Casa Creación, 600 Rinehart Road, Lake Mary, Florida, 32746; o llame al teléfono (407) 333-7117 en Estados Unidos.

El alimento que sana por Perry Stone
Publicado por Casa Creación
Una compañía de Strang Communications
600 Rinehart Road
Lake Mary, Florida 32746
www.casacreacion.com

Originally published in English under the title:
The Meal That Heals
Copyright © 2008 by Perry Stone
Published by Charisma House, A Strang Company,
Lake Mary FL 32746

Traducido por Belmonte Traductores
Diseño interior por: Grupo Nivel Uno Inc.
Diseño de portada por: Jerry Pomales

Library of Congress Control Number: 2008938789
ISBN: 978-1-59979-440-2

Impreso en los Estados Unidos de América
08 09 10 11 12 * 7 6 5 4 3 2 1

DEDICATORIA

HACE VARIOS AÑOS fui anfitrión de un amigo especial, el Dr. John Miller, en mi programa semanal de televisión, *Manna-fest*. El Dr. Miller compartió el concepto de recibir la Comunión diariamente, y cómo este importante acto espiritual se practicaba cada día de casa en casa en la Iglesia primitiva. Sin embargo, la práctica se perdió a lo largo de siglos de tradición.

Estoy agradecido por la perspectiva y la inspiración del Dr. Miller sobre este tema, y me gustaría honrarlo a él como el hombre que me ayudó a entender la importancia de la Comunión y las bendiciones que se adquieren al recibir cada día "el alimento que sana".

ÍNDICE

PRÓLOGO

CHERISE Y YO hemos tenido amistad con Perry y Pam por más de veinte años. Yo siempre me he sorprendido por la perspectiva y la revelación que Perry tiene de la Palabra de Dios. Lo extenso de sus estudios lo convierten en una fuente fiable. *El alimento que sana* es el mejor libro que he leído nunca sobre el tema de la Comunión. Lo recomiendo encarecidamente a la persona que quiera tener una mayor comprensión de la cultura y las costumbres judías que tienen impacto en el significado de esta importante práctica. A medida que usted lea cada capítulo, los pasajes de la Escritura cobrarán vida y le darán una renovada apreciación de la enseñanza y el mandato de Jesús de participar de la copa y del pan de manera regular.

Levítico 17:11 declara: "La vida de la carne está en la sangre". En otras palabras, cuando la sangre es separada de la carne, llega la muerte. En la cruz, la sangre de Jesús fue separada de su cuerpo, dando como resultado su muerte; pero en la Comunión, la sangre y la carne de Jesús vuelven a unirse. Si separar la sangre del cuerpo produjo muerte, entonces unir la sangre con el cuerpo de Cristo mediante la Comunión produce vida. Participar de la Comunión da vida a su matrimonio, a su iglesia y a su cuerpo físico. Es realmente el alimento que sana.

–Jentezen Franklin

Autor del éxito de ventas del *New York Times*: *El ayuno*

PREFACIO

A LO LARGO DE LA HISTORIA DE LA IGLESIA, verdades primeras que una vez fueron creídas y practicadas por los creyentes del siglo primero y segundo fueron gradualmente quitadas o sustituidas por las tradiciones de líderes religiosos. Por ejemplo, la fiesta de amor, una cena que los ricos preparaban para los pobres, finalmente cesó; y también cesó la poderosa práctica de la Iglesia primitiva de recibir la Cena del Señor (Comunión) cada día de casa en casa,

A medida que progresó la era de la Iglesia fueron revividas verdades perdidas. Por ejemplo, el siglo XV trajo un avivamiento de la doctrina de la justificación por fe. Los hermanos Wesley reciben el mérito de haber revivido la enseñanza de la santificación y de una vida de santidad. Los primeros creyentes del evangelio completo revivieron la doctrina de la llenura del Espíritu Santo y de los dones del Espíritu. Y a finales de los años cuarenta, la enseñanza de la sanidad divina proporcionada por las llagas que Cristo soportó fue puesta en la vanguardia.

Recientemente, la importancia del ayuno —una práctica que marcó a los creyentes del primer siglo— se ha vuelto a enfatizar, y millones de cristianos han sido alentados a regresar a una poderosa práctica bíblica que produjo resultados espirituales a la Iglesia del Nuevo Testamento. Ahora está siendo revivida otra práctica perdida —la de recibir la Comunión en el hogar— para tener una intimidad personal con Cristo y también para recibir sanidad para su cuerpo, su mente y su espíritu.

Creo que este libro abrirá su entendimiento a una mayor dimensión del nuevo pacto y del poder sanador de Cristo que se manifiesta por medio de la Cena del Señor, también llamada Comunión. Es mi oración que esta poderosa enseñanza se difunda por todo el mundo y reforme nuestras ideas tradicionales a medida que regresemos a conceptos espirituales que se han perdido a lo largo de las épocas. Este libro explicará el trasfondo del pacto de sanidad de Dios y la importancia de la sangre y del cuerpo de Cristo. Explicará cómo se estableció la Comunión como una poderosa herramienta para liberar el flujo del poder sanador de Dios en cada parte de su ser.

INTRODUCCIÓN

¿CUÁNDO SE SENTÓ USTED por última vez en un servicio en una iglesia y recibió la Cena del Señor? Si es usted católico, recibe la Comunión en la misa semanalmente. Si es usted protestante, podría recibir la Cena del Señor, o Comunión, una vez por mes o tan pocas veces como una vez por año. Algunas iglesias han olvidado el poder y la importancia de la Comunión; el pan de la Comunión se ha vuelto rancio y el jugo de uva hace mucho tiempo que ha fermentado.

Como cuarta generación de ministros, y criado en una iglesia cristiana, yo estoy muy familiarizado con la Comunión. Cuando era pequeño, entendía que la Comunión era administrada solamente por un ministro autorizado u ordenado en nuestra denominación, y se recibía una vez por mes o quizá varias veces cada año, tal como el pastor lo decidiera. Cuando el Dr. Miller me explicó por primera vez que la Comunión podía recibirse cada día, en la casa de una persona, yo no estaba seguro de que hubiera bastante evidencia bíblica e información histórica para confirmar eso.

Después de escucharlo, me propuse estudiar personalmente la idea de recibir la Comunión en el hogar para obtener una íntima comunión con el Señor y también sanidad. Cuanto más estudiaba y descubría las diversas pepitas bíblicas, más me convencía de que no sólo era bíblico, sino de que también era practicada diariamente de casa en casa por los cristianos del primer siglo. Parece que las tradiciones creadas por el hombre y las autoridades de la iglesia finalmente cesaron la práctica a medida que se desarrolló un sistema eclesial de estilo romano a lo largo de la zona del Mediterráneo desde los siglos tercero al quinto.

Ese estudio dio como resultado un libro titulado *El alimento que sana*, el cual fue impreso hace varios años. Este libro que usted tiene es una edición revisada que contiene aún más información y perspectiva para ayudar al lector a entender la revelación de la Comunión y el poder del cuerpo y la sangre de Cristo.

Sabemos que si Cristo se demora muchos más años, finalmente abandonaremos esta vida. Hebreos 9:27 nos dice que está establecido para los hombres que mueran una sola vez, y después de esto el juicio. Sin embargo, Eclesiastés 7:17 revela que es posible morir antes de nuestro tiempo. No debemos abandonar esta vida antes de nuestro tiempo establecido, y deberíamos desear cumplir el destino señalado de Dios en esta vida. Ya que la enfermedad está en la tierra, entonces entender el poder sanador de la obra expiatoria de Cristo que está unido a la Comunión podría convertirse en una llave de oro que abra el cuarto de sanidad de Dios.

Yo creo, como la Biblia nos dice en el Salmo 91:16, que es voluntad de Dios saciarnos de larga vida y mostrarnos su salvación. A medida que estudie usted este libro, empápese de la revelación de la Palabra y permita que el Espíritu Santo le hable. Después, en fe, ponga en acción lo que aprenda. ¡Que Dios le bendiga y le guarde es mi oración!

CAPÍTULO I

El pacto de sanidad de Dios para sus hijos

> Bendice, alma mía, a Jehová, y no olvides ninguno de sus beneficios. El es quien perdona todas tus iniquidades, el que sana todas tus dolencias.
>
> —Salmo 103:2-3

¿QUÉ LE VIENE A LA MENTE cuando le pregunto si es usted salvo? Para la mayoría de los cristianos, salvación significa el regalo de la vida eterna a través de Jesucristo después de arrepentirse y haber confesado sus pecados. La salvación es la llave para entrar al cielo. En el Nuevo Testamento, sin embargo, esta palabra tiene un significado más amplio. La palabra griega para salvo es *sozo,* y se usa 57 veces en la traducción al inglés de la Biblia; en todas, excepto en cinco referencias, es la misma palabra griega. Según la *Concordancia Strong*, la palabra *sozo* significa: "salvar, librar, proteger y sanar".[1] Así, la salvación es toda una obra completa de hacer que la persona sea sana en espíritu, alma y cuerpo.

Cuando Cristo sanaba a los enfermos durante su ministerio, la Biblia declara que ellos eran salvos. En Mateo 9:21, la mujer que tenía flujo de sangre tocó el borde del manto de Cristo y fue salva. Cuando su fe tocó a Cristo fue sanada: "(Jesús) le dijo: hija... tu fe te ha salvado. Y la mujer fue salva desde aquella hora" (v. 22). Tres veces en esta narración se usa la palabra *salva.* En estas referencias, la palabra griega "salva" también es *sozo,* la misma palabra que se traduce como "salvo" en todo el Nuevo Testamento.

La mayoría de las iglesias cristianas interpretan ser *salvo* el que los pecados sean perdonados. La Palabra de Dios, sin embargo, no hace una distinción teológica entre la enfermedad espiritual por el pecado y la enfermedad del cuerpo, como lo hacen las iglesias tradicionales. El Salmo 103:3 nos dice que Dios perdona todas nuestras iniquidades y sana todas nuestras dolencias. La voluntad de Dios para los creyentes es que sean sanos y caminen en integridad, sanidad y bendición durante sus vidas. En el Nuevo Testamento, la palabra más común que se traduce como "sano" (como en 1 Tesalonicenses 5:23) es *holos*, que significa "por completo".[2] Para ser totalmente sano, el alma, el espíritu y el cuerpo de una persona deben funcionar en paz y unidad, sin la distracción del pecado en el espíritu, la enfermedad en el cuerpo o la depresión y la opresión en la mente.

El pacto único de sanidad de Dios

Cuando Dios estableció por vez primera su pacto con el hombre, también se convirtió en su gran proveedor. Esto incluía provisión de necesidades espirituales, financieras, emocionales y físicas (hasta la sanidad física). La primera referencia bíblica a la sanidad fue cuando Abraham, el hombre del pacto con Dios, oró por el rey Abimelec y su esposa para que tuvieran un hijo. Después de la oración, a su tiempo la esposa del rey dio a luz, como vemos en Génesis 20:17.

La siguiente referencia al poder sanador de Dios la encontramos en Éxodo 15:26, donde Dios hizo un pacto de sanidad con toda la nación hebrea después de que ellos salieran de Egipto.

> Y dijo: Si oyeres atentamente la voz de Jehová tu Dios, e hicieres lo recto delante de sus ojos, y dieres oído a sus mandamientos, y guardares todos sus estatutos, ninguna enfermedad de las que envié a los Egipcios te enviaré á ti; porque yo soy Jehová tu sanador.
>
> —Éxodo 15:26

Dios anunció que Él es el Señor que sana. A lo largo del Antiguo Testamento encontramos diferentes nombres compuestos de Dios; es decir, nombres hebreos que combinan dos palabras hebraicas que revelan una naturaleza particular del carácter de Dios. Aquí tenemos seis de estos nombres hebreos:

Nombre hebreo	Significado	Referencia bíblica
Jehová-Jireh	Dios proveerá	Génesis 22:14
Jehová-Salom	Dios es nuestra paz	Jueces 6:24
Jehová-Tsidkeenu	Dios es nuestra justicia	Jeremías 23:6
Jehová-Sabaoth	Dios de los ejércitos	1 Samuel 1:3
Jehová-Sama	Dios está presente	Ezequiel 48:35
Jehová-Elyon	Dios altísimo	Salmo 7:17

En todo el Antiguo Testamento existen ocho formas diferentes de palabras hebreas usadas para "sanar" o "salud". Significan: "prolongar la vida, vendar una herida, sanar todo tipo de enfermedades".

En Éxodo 15:26 Dios se presentó a sí mismo como el sanador de Israel ¡y se llamó a sí mismo *Jehová-Rafa!* La palabra hebrea *rapha* se refiere a dar puntadas a algo que se ha desgarrado o reparar completamente algo que necesita ser remendado. De modo figurado, significa curar a alguien. Esto es mucho más que meramente otro nombre hebreo de Dios. Él estaba haciendo un pacto de sanidad con su pueblo cuando ellos salieron de Egipto hacia la Tierra Prometida. En Egipto había muchos males y enfermedades que podrían esparcirse como una plaga a través de la población. Dios sabía que los hebreos necesitaban protección sobrenatural de esos males y otras enfermedades que podrían encontrar en las diferentes tribus que vivían en la Tierra Prometida y la cruzaban. A través de su pacto de sanidad, Dios declaró: "Si oyeres atentamente la voz de Jehová tu Dios, e hicieres lo recto delante de sus ojos, y dieres oído a sus mandamientos, y guardares todos sus estatutos, ninguna enfermedad de las que envié a los Egipcios te enviaré á ti".

Cuando Israel salió de la esclavitud egipcia, la Biblia declara en el Salmo 105:37: "Los sacó [Dios] con plata y oro; y no hubo en sus tribus enfermo". Imagine seiscientos mil hombres, sin contar a las mujeres y los niños, que marcharon a través del Mar Rojo sanos y fortalecidos para el viaje. ¡Dios mantuvo su promesa! Semanas después, sin embargo, leemos en Éxodo 32:8 que esos ex esclavos hebreos desobedecieron las instrucciones de Dios al adorar a un becerro de oro y al darle el crédito a su nuevo ídolo de su liberación de la esclavitud. Después de semanas en el desierto, aquella multitud pecó al quejarse contra Moisés y contra el plan de Dios para su liberación. Como resultado, en Números 21:6 se registra que fieras serpientes y plagas fueron liberadas entre el pueblo. No era la voluntad de Dios que su pueblo escogido experimentara dichos ataques; sin embargo, su deliberada desobediencia provocó una grieta en el muro protector de Dios.

A partir de Éxodo en adelante, el Antiguo Testamento revela algunas ocasiones donde Dios demostró su poder sanador y liberador. Sólo algunos ejemplos son:

- Miriam fue sanada de lepra por la oración de Moisés (Números 12:13–15).
- Naamán el sirio fue sanado mientras se sumergía en el río Jordán (2 Reyes 5).
- El rey Ezequías fue sanado mientras oraba a Dios (2 Reyes 20).

En el último libro del Antiguo Testamento, Malaquías dio una profecía acerca del futuro poder sanador de Dios que se levantaría a través del "Sol de Justicia", un término utilizado para identificar al futuro Mesías de Israel:

> Mas a vosotros los que teméis mi nombre, nacerá el Sol de justicia, y en sus alas traerá salvación; y saldréis, y saltaréis como becerros de la manada.
>
> —Malaquías 4:2

El Mesías traería luz espiritual al mundo de la misma forma en que el sol ilumina la tierra. La frase "en sus alas traerá salvación" habla del Mesías trayendo sanidad a las naciones. La palabra hebrea para alas es "*kanaph*", y puede referirse al borde de una vestimenta.[3] Esta es la imagen del manto de oración judío que tiene flecos de hilos colgando desde abajo. El manto de oración se usa en la sinagoga durante las reuniones de oración y en ocasiones religiosas especiales. Como judío, Cristo tuvo que haber usado este tipo de manto, y fue el borde del manto —los flecos de hilos— lo que la mujer que tenía flujo de sangre tocó y fue salva.

Cuando ella tocó el borde del manto del "Sol de Justicia", ¡ayudó a cumplir una profecía que fue escrita por Malaquías cuatrocientos años antes!

Por la fe, esa mujer tiró de la borla de la esquina del manto de oración de Cristo, y su fe tiró de la unción de sanidad del cuerpo de Cristo a su cuerpo.

Cristo dijo que había salido poder de su cuerpo:

> Luego Jesús, conociendo en sí mismo el poder que había salido de él, volviéndose...
>
> —Marcos 5:30

En este versículo, la palabra *poder* es la palabra griega *dunamis,* que significa "poder y capacidad milagrosos".[4] Esto es importante cuando consideramos lo que Cristo les dijo a los creyentes que iba a ocurrir después de que recibieran la llenura del Espíritu Santo:

> Pero recibiréis poder cuando haya venido sobre vosotros el Espíritu Santo...
>
> —Hechos 1:8

La palabra *poder* en este versículo es la misma palabra griega para "poder" en Marcos 5:30. El mismo poder que había en el cuerpo de Cristo es el mismo poder que vendrá sobre aquellos que reciban el Espíritu Santo. Esta es la forma en que los apóstoles y la Iglesia primitiva pudieron continuar el ministerio sanador de Cristo: mediante la capacidad que les fue dada por el poder del Espíritu Santo.

El pacto de sanidad en el Nuevo Testamento

En Números 4:3 aprendemos que, en el antiguo templo judío, un hombre no podía ser un sacerdote activo hasta que tuviera 30 años de edad. Lucas 3:23 nos dice que Cristo comenzó su ministerio público aproximadamente a los 30 años. En la época del templo, cuando una persona enferma creía que había sanado, se le ordenaba que debía presentarse al sumo sacerdote, quien estaba capacitado para examinar a las personas y determinar si la sanidad en realidad había ocurrido. En ocasiones, Cristo mandó a personas a las que había sanado que confirmaran el milagro presentándose al sumo sacerdote.

Bajo el antiguo pacto, el nombre sanador Jehová-rafa fue revelado a la nación hebrea. En la época de Cristo, Él enseñó a sus seguidores a pedir al Padre celestial en su nombre, y Él lo haría (Juan 16:23). Cuando le traían enfermos a Jesús, Él les ministraba cuatro niveles de sanidad, como se revela en los cuatro Evangelios:

1. Milagros de sanidad física: Mateo 8:16
2. Milagros de liberación de espíritus: Marcos 1:34
3. Milagros creativos: Lucas 22:51
4. Milagros especiales: Juan 2:3-10

Los milagros de Cristo incluían la sanidad de los enfermos, abrir los ojos a los ciegos y los oídos a los sordos, causar que quienes nunca habían hablado pudiesen hacerlo, limpiar a los leprosos, resucitar de la muerte, y muchos otros milagros más, tan numerosos, que todos ellos no cabrían si se quisieran registrar en la Escritura, según Juan 21:25. Eran milagros creativos, milagros que implicaban transformar el agua en vino, multiplicación de panes y peces y restauración de una oreja que había sido cortada de la cabeza de un hombre.

Cristo no solamente realizó milagros, sino que también comisionó a sus propios discípulos a ir y predicar el reino de Dios y sanar a los enfermos en cada ciudad en la que estuvieran ministrando:

> Habiendo reunido a sus doce discípulos, les dio poder y autoridad sobre todos los demonios, y para sanar enfermedades. Y los envió a predicar el reino de Dios, y a sanar a los enfermos.
>
> —Lucas 9:1–2

Después, Cristo mandó a setenta hombres para que salieran en equipos de dos, predicando, sanando a los enfermos y echando fuera demonios. Lucas registra el éxito espiritual que aquellos hombres tuvieron en su ministerio.

> Volvieron los setenta con gozo, diciendo: Señor, aun los demonios se nos sujetan en tu nombre.
>
> —Lucas 10:17

En todo el ministerio de Cristo, Él no sólo dio un mensaje de esperanza y salvación, sino que también combinó el mensaje de salvación eterna con la sanidad de la mente y del cuerpo. La sanidad física fue la carta que sirvió de atracción de multitudes hacia Cristo, quien predicaba el mensaje del reino de Dios y después demostraba el poder del reino liberando a los oprimidos y a los enfermos.

Hoy día algunos ministros enseñan que la unción sanadora fue transferida de Cristo únicamente a los doce apóstoles originales para ayudar al nacimiento de la Iglesia y la expansión del cristianismo. Eso no puede ser cierto, porque en todo el libro de los Hechos hombres que no eran apóstoles ministraron sanidad a los enfermos. Tal fue el caso cuando un diácono llamado Ananías impuso sus manos sobre Paulo de Tarso y éste fue instantáneamente sanado de su ceguera (Hechos 9:12-18). Felipe no era uno de los doce primeros apóstoles, pero él predicó y fue testigo de milagros de sanidad, con gente siendo liberada de espíritus malos mientras él ministraba en la ciudad de Samaria. Santiago escribió que los ancianos de la iglesia podían ungir a los enfermos con aceite y orar la oración de fe sobre ellos, y Dios sanaría a las personas afligidas (Santiago 5:14). Es la tradición teológica religiosa —no la Biblia— lo que limita el pacto sanador de Dios a cierto período de la historia de la Iglesia.

Sanidad en la Historia de la iglesia

La idea de que ciertos dones de sanidad cesaron después de la muerte de Juan, el último apóstol, se enseña frecuentemente desde los púlpitos de algunas iglesias por toda Norteamérica. Esta interpretación es una teoría hecha por el hombre y basada en ideas de teólogos liberales, y no está de acuerdo con la historia de la Iglesia. Los primeros padres y obispos de los primeros siglos escribieron sobre la continuidad de la manifestación de milagros entre los creyentes de la iglesia.

> Porque innumerables endemoniados por el mundo y en su ciudad, muchos de nuestros hombres cristianos exorcizándolos en el nombre de Jesucristo quien fue crucificado bajo Poncio Pilato, han sanado y hacen sanidades inutilizando a los demonios y echándolos fuera de los hombres, aunque ellos no pudieron ser curados por todos los otros exorcistas y por quienes utilizaban drogas y encantos.[5]
>
> —Justino Mártir, 165 d. C.

> Aquellos que son verdaderamente sus discípulos, recibiendo gracia de Él, en su nombre hacen milagros... y en verdad echan fuera demonios... Otros sanan a los enfermos imponiendo las manos sobre ellos y son sanados. Sí, y además, como ya he dicho, hasta muertos han sido resucitados y permanecieron con nosotros por muchos años.[6]
>
> —Ireneo, 200 d. C.

> Y algunos dan evidencia de haber recibido a través de su fe un poder maravilloso por las curaciones que ellos hacen, sin invocar ningún otro nombre sobre aquellos que necesitan su ayuda sino el nombre del Dios de todas las cosas, y de Jesús, junto con una mención a la historia de Él. Porque por estos medios también hemos visto muchas personas liberadas de dolorosas calamidades y... otras enfermedades que no podían ser sanadas ni por hombres ni por demonios.[7]
>
> —Orígenes, 250 d. C.

Clemente menciona en el año 275 d. C. que había "hombres que con toda seguridad habían recibido el don de sanidad de Dios, para gloria de Él".[8]

En el año 429 d. C., Teodoro de Mopsueste dijo: "Muchos paganos entre nosotros han sido sanados por cristianos de cualquier enfermedad que tuvieran; los milagros entre nosotros son abundantes".[9]

Los milagros y las sanidades comenzaron con Abraham y continuaron a lo largo del Nuevo Testamento y en los primeros siglos de la Iglesia, porque sanidad es una parte del nombre de Dios, su naturaleza y su pacto. Aún podemos tener milagros en nuestros días porque Hebreos 13:8 dice que Jesús es el mismo ayer, hoy y por los siglos.

La sanidad es un pacto

No hay tal cosa como un día de milagros o de sanidades; solamente existe un pacto de sanidad establecido por Dios. Este pacto de sanidad puede manifestarse a través de diferentes métodos de sanidad que se encuentran en la Biblia. Según el Dr. John Miller, en los cuatro Evangelios se registran diecinueve personas que fueron liberadas a través del ministerio de Jesús. De las diecinueve, hubo once cuyo problema estaba causado por un espíritu. Otros recibieron sanidad de las enfermedades que afligían sus cuerpos.

Existen cuatro formas en que los milagros pueden operar:

1. Milagros pueden suceder a través de señales y maravillas: Hebreos 2:4
2. Milagros pueden suceder a causa de la unción: Hechos 10:38
3. Milagros pueden suceder a través de liberación: Lucas 4:18
4. Milagros pueden suceder a través de la fe en la expiación: 1 Pedro 2:24

Utilizando la Escritura como nuestra guía, encontramos seis métodos en el Nuevo Testamento (pacto) usados para proporcionar sanidad. Aunque hay muchos pasajes que respaldan cada método, sólo voy a dar una referencia. La sanidad puede manifestarse a través de:

1. Imposición de manos sobre los enfermos: Marcos 16:18
2. Ungimiento de los enfermos con aceite y oración de fe: Santiago 5:14-15
3. Dones de sanidad y milagros: 1 Corintios 12:7-10
4. La palabra hablada: Salmo 107:20
5. Un acto de obediencia: Juan 9:6-7
6. Recibir la Comunión: 1 Corintios 11:25-31

Después de escuchar muchos mensajes a lo largo de los años sobre el poder sanador de Dios, yo estaba familiarizado con los cinco primeros métodos que he mencionado. Sin embargo, como con la mayoría de los creyentes, nunca escuché un mensaje donde se hablara de la relación que hay entre tomar la Comunión y la sanidad. Desde el gran avivamiento de sanidad de los años cuarenta, la imposición de manos y el ungimiento con aceite han sido los métodos más comunes para pedirle a Dios sanidad; sin embargo, es momento de entender el potencial poder de la Cena del Señor. Después de todo, la Cena del Señor es parte del pacto de sanidad.

Para reflexionar

1. ¿Por qué fue importante para Dios establecer un pacto de sanidad con los israelitas en el momento en que ellos comenzaron su viaje de partida de la esclavitud de Egipto hacia la Tierra Prometida?

2. ¿Cuál es el simbolismo del versículo de Malaquías 4:2, que dice: "nacerá el Sol de justicia, y en sus alas traerá salvación [salud]..."?

3. ¿Qué evidencia da el libro de Hechos para refutar la creencia de algunas personas de que el poder para sanar sólo estaba a disposición de los doce apóstoles originales?

4. Enumere los seis métodos utilizados en el Nuevo Testamento para sanar a los enfermos.

   a. Marcos 16:18

   b. Santiago 5:14–15

   c. 1 Corintios 12:7–10

   d. Salmos 107:20

   e. Juan 9:6–7

   f. 1 Corintios 11:25–31

CAPÍTULO 2

ENTENDER LA COMUNIÓN

> La copa de bendición que bendecimos, ¿no es la comunión de la sangre de Cristo? El pan que partimos, ¿no es la comunión del cuerpo de Cristo?
>
> —1 CORINTIOS 10:16

¿QUÉ SIGNIFICA cuando hablamos de recibir la Comunión? La mayoría de los cristianos lo identifica como un tiempo sagrado, apartado y dirigido por los líderes de la iglesia donde los creyentes reciben el pan y el fruto de la vid como un recordatorio de la obra consumada por Cristo en la cruz. Para muchos cristianos, se celebra una vez a la semana, una vez al mes o una vez al año. El pan y el fruto de la vid (el jugo) son denominados el sacramento. La palabra en latín clásico *sacramento* se refiere al juramento que un soldado hacía de ser fiel a su comandante. El término religioso se le acredita a la carta de Plinio a Trajano (c. 112), cuando escribió que los cristianos "se obligan a sí mismos por un juramento [*sacramento*], no para cometer un delito sino para evitar actos de hurto, vandalismo y adulterio, a no romper su palabra y a no retener dinero que se les haya confiado cuando se lo pidan".[1] Los protestantes tienen dos sacramentos (bautismo y Comunión), mientras que los católicos y los ortodoxos griegos añaden a esa lista la confirmación, la penitencia, la extrema unción, la ordenación y el matrimonio.

Los católicos participan en la Misa, en la cual el sacerdote ofrece el pan y el vino denominados Eucaristía. La palabra *eucaristía* proviene del griego antiguo, y significa "dar gracias" o "acción de gracias". Esta palabra se encuentra en el Nuevo Testamento griego en Mateo 15:36, Marcos 8:6, Marcos 14:23 y en otros lugares. En los anteriores casos, Jesús dio gracias. Hoy día nosotros damos gracias al bendecir los alimentos en la mesa. De este modo, la Eucaristía es la bendición de los elementos de la Comunión. Durante la Eucaristía, los católicos creen que el pan se convierte literalmente en el cuerpo de Cristo y el vino se convierte literalmente en la sangre de Jesús. Esta enseñanza se denomina "transustanciación".

Los católicos dicen que, en la Misa, el mismo sacrificio que Jesús ofreció en la cruz es ofrecido otra vez. Esta doctrina establece que, de alguna forma, el pan y el fruto de la vid se convierten milagrosamente en el cuerpo y la sangre de Jesús literales en el momento en el que el sacerdote los bendice antes de ser administrados.

La transustanciación es la creencia de que:

> ... en el momento de la consagración [por el sacerdote u oficial de la iglesia]... los elementos [de pan y vino] no son transformados sólo espiritualmente, sino que más bien son transformados realmente [sustancialmente] en el cuerpo y la sangre de Cristo. Los elementos mantienen su apariencia... de pan y de vino, pero son el cuerpo y la sangre de Cristo reales... Cristo está presente en la Eucaristía de manera auténtica y sustancial.[2]

Esta postura dice que, aunque el pan se ve, se siente, huele y sabe como pan, literalmente se convierte en la carne de Jesús. Así, cualquiera que come del pan de la Comunión, se está comiendo la carne de Jesús, aunque se lo coma en fe o en incredulidad. La dificultad de esta postura es que sitúa el cuerpo y la sangre de Jesús aquí en la tierra cada vez que alguien celebra la Santa Cena.

Consideremos este hecho: en este momento Jesús está literalmente en el cielo a la derecha del Padre (Hechos 7:55; Efesios 1:20; Colosenses 3:1; Hebreos 8:1). Él regresará de forma corporal en el rapto y le veremos tal como Él es. Por otro lado, los luteranos creen en una doctrina llamada "consustanciación". Eso significa que, en la Comunión, la sangre y el cuerpo de Cristo y el pan y el vino coexisten el uno con el otro.[3] Ellos creen que la sustancia fundamental del cuerpo y de la sangre de Cristo está presente junto con el pan y la copa.

Parte de la confusión en cuanto a la interpretación viene de una afirmación hecha por Jesús en Juan 6:53: "De cierto, de cierto os digo: Si no comiereis la carne del Hijo del hombre, y bebiereis su sangre, no tendréis vida en vosotros".

Consustanciación es la postura que sostiene que el pan y la copa de la Comunión coexisten y son iguales a la carne y la sangre de Jesús, pero siguen siendo pan y vino. Transustanciación es la postura que sostiene que el pan y el vino se convierten realmente en la sangre y el cuerpo de Jesús.

Yo creo que la siguiente postura es la correcta: "Y comiendo ellos, tomó Jesús el pan, y bendijo, y lo partió, y dio a sus discípulos, y dijo: Tomad, comed. Esto es mi cuerpo... esto es mi sangre" (Mateo 26:26–28). Él no estaba hablando literalmente porque estaba sentado con ellos con un cuerpo real, sosteniendo la copa y el pan en sus propias manos. Jesús específicamente identificó la bebida que había en la copa como fruto de la vid en el versículo 29. Por tanto, la naturaleza física de los elementos de la Cena del Señor no había cambiado.

Es claro que Cristo estaba representando su cuerpo y su sangre al compararlos con el pan y el fruto de la vid de la Comunión. Jesús muchas veces hablaba en metáforas, una figura del lenguaje en que una cosa representa a otra. Jesús se llamó a sí mismo la vid en Juan 15:5, pero de ninguna manera quiso decir que fuera un tipo de planta. En Juan 10:9, Él dijo: "Yo soy la puerta", pero tampoco quiso decir que se convertiría en un trozo de madera.

Otro punto es que cuando Cristo dijo "Haced esto [la Comunión] en memoria de mi" (Lucas 22:19), es una conmemoración de su obra consumada. Si Él literalmente se convirtiera en el pan y en el fruto de la vid, entonces ya nunca sería en memoria.

En Mateo 26:26-28, cuando Jesús sostenía la copa y el pan y declaraba que era la sangre del nuevo pacto, si Él estuviera transformando los elementos en su cuerpo literal, entonces Él estaba en su cuerpo mientras al mismo tiempo sostenía otro cuerpo en su mano. Aunque Cristo tenía la naturaleza de Dios y hombre, Él no estaba en dos cuerpos separados.

En el siglo XIX, el obispo J.C. Ryle escribió en *Light From Old Times* que si usted cree que el pan y la copa se convierten en el cuerpo y la sangre reales de Cristo en la participación de la Comunión, usted está negando tres cosas:

1. Está negando la obra terminada de Cristo en la cruz. Jesús gritó: "Consumado es". Un sacrificio que necesita ser repetido no es ni perfecto ni completo.
2. Está negando el oficio sacerdotal de Cristo. Si los elementos de la Comunión fueran literalmente su cuerpo y su sangre, entonces los elementos por sí mismos se convertirían en el sacrificio por los pecados.

Que cualquier otra persona aparte de Cristo ofrezca a Dios el cuerpo y la sangre de nuestro Señor como sacrificio por los pecados, sería despojar a nuestro Sumo Sacerdote de su gloria.

3. Está negando la naturaleza humana de Cristo. Si su cuerpo puede estar en más de un lugar al mismo tiempo, entonces Él no tuvo un cuerpo como el nuestro, y Jesús no fue el último Adán en cuanto a que no tenía nuestra naturaleza.[4]

Si una persona acepta la enseñanza de la transustanciación, entonces es comprensible que tenga miedo a manejar el pan y el vino por la creencia de que son literalmente la sangre y el cuerpo de Jesús. De este modo, se hace necesario el poder de un sacerdote humano terrenal en la iglesia para administrar la Comunión. Sin embargo, si el significado real es que el pan y el vino *representan* el cuerpo y la sangre del Salvador, entonces podemos aceptar que un creyente individual en pacto con Cristo ya tiene acceso directo para acudir confiadamente al trono de Cristo en este momento. Y debido a esa relación personal, el creyente tiene el maravilloso honor de relacionarse con el Señor por medio de la Comunión.

Entre grupos tanto católicos como protestantes se da importancia al pan y al jugo (o vino). La principal diferencia es que los protestantes creen que el pan y el vino representan el cuerpo y la sangre de Cristo, mientras que los católicos creen que el pan y el vino se convierten literalmente en el cuerpo y la sangre de Cristo.

En la Escritura, la palabra *Comunión* se usa en tres versículos (dos veces en 1 Corintios 10:16; 2 Corintios 6:14 y 2 Corintios 13:14). Dos veces alude a la Cena del Señor. Comunión viene de la palabra griega *koinonia,* que significa asociación o relación íntima.[5] Es una palabra muy personal e íntima.

¿Cómo se originó la Comunión?

La primera mención del uso del pan y el vino es cuando Abraham fue a Jerusalén y se encontró a Melquisedec, el primer rey y sacerdote del Dios Altísimo. El hombre Melquisedec es una figura misteriosa, de quien la teología cristiana enseña que fue una visión de antemano de Jesús; los maestros judíos dicen que era Sem, el hijo de Noé, mediante el cual vendría el linaje del futuro Mesías.

En Génesis 14, Abraham viajó a Jerusalén (llamada Salem en aquella época, según Génesis 14:18), y allí, en un valle que más adelante sería llamado valle de Kidrón, Abraham se encontró con un sacerdote cuyo nombre, Melquisedec, estaba formado por dos palabras hebreas: Melech (rey) y Zadok (justicia). Ese hombre servía en la posición combinada de rey y sacerdote. Ese rey de Jerusalén trajo pan y vino y declaró una bendición especial sobre Abraham.

> Entonces Melquisedec, rey de Salem y sacerdote del Dios altísimo, sacó pan y vino; y le bendijo, diciendo: Bendito sea Abram del Dios altísimo, creador de los cielos y de la tierra;
>
> —GÉNESIS 14:18–19

Este hecho fue significativo por muchas razones. En primer lugar, aquella zona de Jerusalén fue marcada en ese momento al confirmar Dios su pacto con Abraham, sellando el pacto con el pan y el vino. En segundo lugar, años después Dios requirió que Abraham regresara a la tierra de Moriah para ofrecer a su hijo Isaac sobre un altar (Génesis 22:2). La tierra de Moriah era la misma zona donde Abraham y Melquisedec se habían encontrado y habían conversado. Un tercer punto es que, mientras Abraham ofrecía a Isaac en el Monte Moriah, él predijo que un día Dios iba a proveerse de un cordero, ¡y Abraham predijo que en ese mismo lugar (el monte del Señor) él (el cordero) se vería!

> Entonces habló Isaac á Abraham su padre, y dijo: Padre mío. Y él respondió: Heme aquí, mi hijo. Y él dijo: He aquí el fuego y la leña; mas ¿dónde está el cordero para el holocausto? Y respondió Abraham: Dios se proveerá de cordero para el holocausto, hijo mío. E iban juntos.
>
> —GÉNESIS 22:7–8

> Y llamó Abraham el nombre de aquel lugar, Jehová-jireh proveerá. Por tanto se dice hoy: En el monte de Jehová será provisto.
>
> —GÉNESIS 22:14

Dos mil años después, Cristo, el Cordero de Dios, apareció en Jerusalén y se ofreció a sí mismo como el sacrificio final y definitivo en la cruz, cerca del mismo monte donde Abraham fue a ofrecer a Isaac. Antes de su muerte,

Cristo ofreció el pan y la copa a sus discípulos, anunciando un nuevo pacto. Esa Última Cena, como comúnmente se denomina, se celebró antes de la Pascua judía. La Pascua judía era la imagen perfecta del profundo significado del poder de la sangre y del cuerpo de Cristo.

LA PRIMERA PASCUA

Hace más de 3,500 años, la nación hebrea se había convertido en esclava de los egipcios. Faraón, el rey de Egipto, no estaba dispuesto a liberar a los hebreos ni permitirles regresar a Israel. Dios mandó diez plagas entre los egipcios. La última plaga condujo a la liberación de los hebreos y las muertes de los primogénitos egipcios.

La última plaga implicaba que el ángel de la muerte se moviera de casa en casa llevándose la vida de los primogénitos, tanto de hombres como de animales (Éxodo 11:5). Para proteger a los hebreos de la destrucción del ángel, Dios ordenó que en cada casa hebrea se pusiera sangre de un cordero en los dinteles de las puertas de las casas y después se comieran todo el cordero antes de la media noche (Éxodo 12:7–8). El milagro fue doble; al comer el cordero, los hebreos experimentaron un poder sobrenatural de sanidad, como indica el pasaje:

> Los sacó con plata y oro; y no hubo en sus tribus enfermo.
>
> —SALMO 105:37

El otro milagro fue que se impidió al ángel destructor entrar en las casas marcadas con sangre en sus puertas. Así, las familias hebreas fueron protegidas tanto de la enfermedad como de la muerte como resultado de la sangre y del cuerpo del cordero. Dios dijo que su obediencia al marcar la puerta con la sangre del cordero provocaría que el ángel de la muerte pasara de largo aquella casa.

> Y la sangre os será por señal en las casas donde vosotros estéis; y veré la sangre, y pasaré de vosotros, y no habrá en vosotros plaga de mortandad, cuando hiera la tierra de Egipto.
>
> —ÉXODO 12:13

Dios ordenó a los hebreos recordar ese acontecimiento cada año, y hacerlo en el día catorce del mes primero. Toda la nación de Israel debía celebrar la Pascua, recordando a las futuras generaciones cómo Dios sacó a Israel de Egipto con señales poderosas y maravillas (Levítico 23:5). La palabra hebrea para Pascua es *Pesach*, que significa pasar por alto, saltar o bailar. La palabra indica cómo Dios ordenó al ángel de la muerte saltarse las casas de los hebreos, las cuales estaban protegidas por la sangre del cordero. Cada año, los judíos religiosos realizan una Pascua *seder*, en la cual relatan la historia de la liberación de Egipto. Durante ese periodo no se debe usar levadura en ninguna casa por siete días (Éxodo 12:15–19). Además, se utilizan cuatro copas diferentes de vino, y con cada copa identifican un aspecto diferente de la historia de la Pascua. Las copas están numeradas y se denominan según el siguiente orden:

- La primera es la copa de santificación
- La segunda es la copa de aflicción
- La tercera es la copa de redención
- La cuarta es la copa de consumación o hallel

Por varios siglos, los judíos religiosos han conmemorado la salida de sus ancestros de Egipto realizando una Pascua anualmente en sus casas. La primera revelación de la sangre y el cuerpo del cordero sucedió en Egipto en las casas de los hebreos, y siglos después vemos la cena representada en un aposento alto con Cristo y sus discípulos.

LA CENA DEL SEÑOR

Antes de su sufrimiento y crucifixión, Cristo se reunió en un aposento grande con sus discípulos, y aquella noche Cristo hizo un anuncio. Ya que las copas se usan en la mesa de la Pascua y cada una de ellas tiene un nombre, la mayoría de los estudiosos creen que mientras Cristo levantaba la tercera copa (la copa de redención), sorprendió a sus discípulos diciendo:

> Asimismo también el vaso, después que hubo cenado, diciendo: Este vaso es el nuevo pacto en mi sangre, que por vosotros se derrama.
>
> —LUCAS 22:20

Cristo estaba estableciendo un nuevo pacto que sería sellado con su propia sangre. En las futuras Pascuas entre los creyentes, ya no se haría referencia a la liberación de Egipto, sino que los creyentes se regocijarían por su liberación del pecado, la enfermedad y del poder de Satanás. Así como los judíos religiosos honran la antigua Pascua cada año y recuerdan su noche de redención, cada vez que un cristiano lleva la copa a sus labios y recibe el pan de la Comunión se le recuerda su pasada liberación del castigo del pecado, su presente liberación del poder del pecado, ¡y su futura redención de la presencia del pecado!

El cumplimiento profético de la Pascua

La crucifixión de Cristo fue una perfecta correlación de un cumplimiento profético de la antigua Pascua en Egipto. Faraón es una imagen de Satanás, que nos mantenía en cautividad, y Egipto representa las ataduras del sistema mundial. La sangre del cordero en Egipto es un tipo y una sombra de la preciosa sangre de Jesús, quien fue identificado como el Cordero de Dios (Juan 1:29). Había tres marcas de sangre en los dinteles de las puertas en las casas judías en Egipto, situadas al lado izquierdo, derecho y superior (Éxodo 12:7). La correlación está en que, en el momento de la crucifixión de Jesús, había tres cruces con víctimas colgando de ellas: un ladrón a la izquierda, otro a la derecha y Cristo en medio (Mateo 27:38).

Otro paralelismo entre los patrones antiguos de redención y crucifixión se identifica durante un periodo designado que se produce cada año y que se denomina "Yom Kippur," o Día de Expiación. En esta sexta fiesta de Israel, el sumo sacerdote traía dos machos cabríos idénticos delante de él, y asignaba uno para el Señor y el otro para Azazel. El macho cabrío del Señor era sacrificado y quemado en el altar del templo, y acto seguido el sacerdote ponía las manos sobre la cabeza del macho cabrío de Azazel, transfiriendo los pecados de Israel a ese animal. Denominado el chivo expiatorio, se le ponía una soga y el sacerdote lo conducía al desierto, y moría cuando finalmente lo empujaban por una cornisa de una montaña.

Otra tradición del Día de Expiación se desarrollaba con tres cuerdas rojas. El sacerdote ataba una de las cuerdas al cuello del macho cabrío para el Señor y otra al chivo expiatorio; una tercera se colgaba de la puerta del templo en Jerusalén. La tradición judía afirma que cuando el chivo expiatorio moría en el desierto, la cuerda roja de la puerta del templo se volvía blanca, indicando que los pecados de Israel habían sido remitidos y perdonados.[6] Por eso Isaías escribió:

> Venid luego, dirá Jehová, y estemos á cuenta: si vuestros pecados fueren como la grana, como la nieve serán emblanquecidos: si fueren rojos como el carmesí, vendrán á ser como blanca lana.
>
> —ISAÍAS 1:18

Esas tres cuerdas tienen relación con los tres hombres que colgaban de las tres cruces en el Gólgota. Un hombre, Cristo, estaba muriendo para el Señor; otro hombre, un ladrón amargado, murió cargando su pecado como el chivo expiatorio; un tercer hombre, otro ladrón, cambió su destino eterno mientras estaba colgado al lado de Jesús. Sus pecados se volvieron blancos como la nieve, de la misma forma que la cuerda roja se volvía blanca en las puertas del templo, ¡indicando la remisión de pecados!

En la historia de la crucifixión, hasta podemos ver una correlación entre los dos machos cabríos idénticos, uno que muere en el templo y otro que es soltado en el desierto para morir después. Cristo es el sacrificio que murió en Jerusalén, mientras que un hombre llamado Barrabás fue liberado por Pilato antes de la crucifixión (Mateo 27:16–22). El nombre Barrabás es muy interesante, porque *Bar* significa "hijo" y *abas* significa "padre exaltado". Jesús fue el hijo del verdadero padre, y Barrabás tuvo un padre terrenal exaltado. El nombre de Jesús en hebreo es Yeshuah, y según una tradición, el primer nombre de Barrabás era Yeshuah Barrabás. Esto indica que los dos, tanto Cristo como Barrabás, tenían el mismo primer nombre, al igual que los dos machos cabrios en el Día de Expiación tenían que ser idénticos. La diferencia: Jesús murió para el Señor y Barrabás escapó como un pecador.

¡Tanto la Pascua como el Día de Expiación representan la redención de la humanidad por medio del sufrimiento y la resurrección de Cristo! Los judíos religiosos y los creyentes mesiánicos celebran la Pascua cada primavera como recordatorio de la poderosa liberación de Dios al sacar a su pueblo de la esclavitud egipcia.

VOLVER A LA SANTA CENA

En la Iglesia cristiana, los creyentes reconocen la aplicación histórica de la Pascua y ven su cumplimiento profético en Cristo, quien, como el definitivo Cordero de Dios, murió durante la Pascua (Mateo 26:19). Así como la Pascua judía les recuerda a los hebreos su gran día de redención de Egipto y su futura promesa de herencia de la Tierra Prometida, ¡así la Comunión es un recordatorio de la redención por medio del sufrimiento de Cristo y de nuestra herencia futura con Cristo en el cielo!

Durante la primera Pascua, la carne del cordero se comió en la mesa de la familia judía, y la carne de ese cordero produjo sanidad sobrenatural para su viaje a través del desierto. La sangre en la puerta evitó que el ángel destructor quitase la vida a los primogénitos hebreos. Así, el cuerpo y la sangre del cordero de la Pascua produjeron completa sanidad y redención.

El cuerpo de Cristo, el definitivo Cordero de Dios, trajo sanidad por medio de las heridas y las llagas en su cuerpo, y salvación por medio de su sangre en la cruz. La Comunión es una señal de nuestra creencia en la obra consumada de Cristo y un testimonio de nuestra fe en la obra completa de salvación.

¿Con qué frecuencia un creyente debe recibir la Comunión? ¿Con qué frecuencia la recibían los cristianos del primer siglo? Parte de la respuesta está en entender el término utilizado en el Nuevo Testamento: partir el pan.

PARA REFLEXIONAR

1. En sus propias palabras, ¿cuál es la diferencia entre la creencia católica de la transustanciación y la creencia protestante en la consustanciación con respecto a la Comunión?

   ____

   ____

   ____

2. Describa en sus propias palabras la explicación que el autor cree que es el entendimiento correcto de la Comunión vista a través del uso de metáforas que hacía Jesús.

3. Cada año los judíos celebraban la Pascua. ¿Cuándo se produjo la primera Pascua? ¿Y cuáles fueron las circunstancias que la causaron?

el día 14 del mes primero
La liveración de los Israelitos
que vivian en Egipto y el
Faraon los tenia como exclavos.

4. Nombre las cuatro copas utilizadas en la Pascua.

a. La copa de Santificación
b. La copa de Aflixion.
c. La copa de Redención
d. La copa de consumación o hallel.

5. ¿Cuál es la correlación entre la Comunión y cada uno de los siguientes puntos?

a. Las tres marcas de sangre en las puertas de las casas hebreas en Egipto

b. Las tres cuerdas rojas usadas por los sacerdotes en el Día de Expiación

c. La carne del cordero comida en la primera Pascua y la sangre del cordero de Pascua

Capítulo 3

¿Qué significa partir el pan?

Y perseverando unánimes cada día en el templo, y partiendo el pan en las casas, comían juntos con alegría y con sencillez de corazón.

—Hechos 2:46

ESTE LIBRO HACE HINCAPIÉ EN RECIBIR diariamente la Comunión, especialmente cuando usted necesita sanidad. ¿Existen precedentes bíblicos en que los primeros creyentes recibían la Comunión cada día, o se hacía solamente en ciertas ocasiones señaladas? Para entender el concepto de recibir la Comunión cada día, debemos examinar el libro de Hechos y los escritos históricos de los cristianos del primer siglo. En el Nuevo Testamento encontramos dos pasajes que indican que los creyentes iban de casa en casa partiendo el pan. ¿Cuál es el significado verdadero de esta frase? ¿Y cómo se relaciona con la Comunión diaria?

Partir el pan

Hay dos referencias importantes en el Nuevo Testamento donde se nos dice que Jesús partió el pan.

Y mientras comían, tomó Jesús el pan, y bendijo, y lo partió, y dio a sus discípulos, y dijo: Tomad, comed; esto es mi cuerpo.

—Mateo 26:26

En este acontecimiento, llamado la Última Cena, Cristo presentó el nuevo pacto a sus discípulos. Después de su resurrección, Cristo se reunió de nuevo con sus discípulos para partir el pan otra vez:

> Y aconteció que estando sentado con ellos a la mesa, tomó el pan y lo bendijo, lo partió, y les dio.
>
> —LUCAS 24:30

En la Última Cena con sus discípulos, Cristo mencionó la copa de consumación (cuarta copa) (Mateo 26:27). La cuarta copa de vino, sin embargo, no se menciona después de la resurrección, solamente que Cristo partió el pan con ellos. Cristo ya había afirmado que no bebería de la (cuarta) copa otra vez hasta que la bebiera de nuevo en el reino:

> Y os digo que desde ahora no beberé más de este fruto de la vid, hasta aquel día en que lo beba nuevo con vosotros en el reino de mi Padre.
>
> —MATEO 26:29

La gloriosa promesa de beber la copa en el reino alude a la futura Cena de las bodas del Cordero, donde los santos que hayan recibido el nuevo pacto de la sangre de Cristo y hayan caminado en él, sellarán y consumarán su matrimonio con el Cordero de Dios (Cristo) en una cena de bodas en el cielo (Apocalipsis 19:9).

Poco después de la resurrección de Cristo, Él se apareció a dos hombres en el camino de Emaús. Ellos no sabían que era Cristo mientras Él le hablaba de las profecías concernientes al Mesías. Cristo fue invitado a su casa, y allí partió el pan con ellos. De repente, sus ojos fueron abiertos y le reconocieron (Lucas 24:31). Entonces leemos:

> Entonces ellos contaban las cosas que les habían acontecido en el camino, y cómo le habían reconocido al partir el pan.
>
> —LUCAS 24:35

Ese acontecimiento inició una tradición entre los cristianos del primer siglo: partir el pan de casa en casa y celebrar la resurrección de Cristo y la promesa de que Él volvería a buscarlos. Este partimiento del pan era un término utilizado en la Biblia para describir el compañerismo de la Mesa del Señor o la Comunión que se practicaba en las casas de los creyentes.

Referencias a "de casa en casa"

Los primeros convertidos a Cristo fueron creyentes judíos. La Iglesia nació en la fiesta hebrea de Pentecostés, y más de tres mil judíos convertidos fueron bautizados en agua. (Hechos 2:1–41). Poco después, se desató una persecución en Jerusalén, y finalmente se convirtió en un riesgo para los creyentes hebreos adorar en el templo (Hechos 4:1–21; 5:17–40; 21:27–31). Antes de su conversión, Pablo confesó haber perseguido a creyentes de ciudad en ciudad (Hechos 26:11). A medida que crecía la fe cristiana, también lo hacia la persecución. Finalmente, esa persecución condujo a los creyentes a adorar en sus propias casas y en las de otros creyentes (Hechos 5:42).

Al inicio de la era cristiana, las iglesias comenzaban en casas de creyentes, por ser un lugar seguro para reunirse y adorar sin la amenaza de los líderes religiosos de las sinagogas o la persecución de ciertos fariseos, saduceos y sacerdotes del templo. En sus grupos en casas, los creyentes estudiaban, oraban y cantaban himnos (Ef. 5:19).

La Biblia revela varios nombres de creyentes cuyas casas se convirtieron en iglesias:

- Aquila y Priscila tenían una iglesia en su casa (Romanos 16:3, 5)
- Ninfas en Laodicea tenía una iglesia en su casa (Colosenses 4:15)
- Apia y Arquipo tenían una iglesia en su casa (Filemón 2)

Los creyentes también se reunían el primer día de la semana (Hechos 20:7; 1 Corintios 16:2), en el cual partían el pan. El primer día de la semana en el calendario judío es el domingo.

> El primer día de la semana, reunidos los discípulos para partir el pan, Pablo les enseñaba, habiendo de salir al día siguiente; y alargó el discurso hasta la medianoche.
>
> —Hechos 20:7

La Escritura indica que la práctica del partimiento del pan era una parte principal de la actividad de los creyentes en sus casas.

> Y perseverando unánimes cada día en el templo, y partiendo el pan en las casas, comían juntos con alegría y sencillez de corazón,
>
> —HECHOS 2:46

> No dejaban de reunirse en el templo ni un solo día. De casa en casa partían el pan y compartían la comida con alegría y generosidad,
>
> —HECHOS 2:46 (NVI)

En la época en que yo crecía, las reuniones de los domingos por la tarde eran consideradas más emocionantes y espirituales que las de los domingos por la mañana. Después del servicio era muy común para los creyentes salir y tener compañerismo en algún restaurante cercano. Era allí donde pasábamos tiempo hablando acerca de la Palabra y conociéndonos unos a otros. Le llamábamos cariñosamente el partimiento del pan.

Por años, cuando yo leía que la Iglesia primitiva partía el pan de casa en casa, suponía que hacía alusión simplemente a compartir una cena en casa de alguien. Solamente después de haberlo estudiado, entendí el verdadero significado de este término y por qué era una actividad diaria importante para los primeros santos. Según numerosos comentarios cristianos, ¡el partimiento del pan diario se refería a realizar la Cena del Señor (Comunión) en casa del creyente! Recuerde que la cena original de Pascua se realizó en las casas de los hebreos en Egipto, y la Cena del Señor fue inicialmente instituida por Cristo desde una casa.

A continuación hay una lista de nueve referencias que hacen comentarios sobre Hechos 2:42, Hechos 20:7 y 1 Corintios 10:16. Comentan la frase: "partiendo el pan de casa en casa".

> [Partiendo el pan] La versión siríaca traduce esto como "eucaristía" o Cena del Señor.[1]
>
> —BARNES NOTES

> [Y en el partimiento del pan] Si esto quiere decir la santa eucaristía o sus alimentos normales, es difícil decirlo. La versión siríaca entiende que se refiere al primer caso. El partimiento del pan era el acto que precedía a una fiesta o una comida, y que era dirigido

por el dueño de la casa cuando pronunciaba la bendición, lo que llamaríamos bendecir a mesa. Vea la forma en Mateo 26:26.[2]

—Comentario Adam Clarke

Y en el partimiento del pan. En Hechos 20:7, 11 y 1 Corintios 10:16, parece bastante seguro que participar de la Cena del Señor es lo que aquí se menciona. Pero al igual que cuando la Cena del Señor se instituyó por primera vez fue precedida por la cena Pascual, así, durante un periodo considerable, una comida frugal parece haber precedido la fiesta de la Eucaristía.[3]

—Comentario Jamieson, Fausset y Brown

Ellos frecuentemente se reunían en la ordenanza de la Cena del Señor. Y continuaban en el partimiento del pan, en la celebración del recordatorio de la muerte de su Maestro, como personas que no se avergonzaban de tener una relación y dependencia de Cristo, y éste crucificado. No podían olvidar la muerte de Cristo, pero sin embargo seguían realizando ese memorial y hacían de ello una práctica constante, porque era una institución de Cristo y había de ser transmitida a las siguientes épocas de la iglesia. Partían el pan de casa en casa; kat' oikon: casa en casa; no consideraban adecuado celebrar la eucaristía en el templo, porque eso era peculiar de las instituciones cristianas; por consiguiente, ellos administraban esta ordenanza en casas privadas, escogiendo las casas de los cristianos convertidos que eran más convenientes para que los vecinos acudieran; e iban de una a otra de estas pequeñas sinagogas o capillas domésticas, casas que contenían iglesias y donde celebraban la eucaristía con aquellos que regularmente se reunían allí para adorar a Dios.[4]

—Comentario Matthew Henry

Generalmente se supone que los primeros discípulos le daban tanto significado al partimiento del pan en las comidas ordinarias, más que nuestra bendición de la mesa, que seguían la comida con la Cena del Señor.[5]

—Word Pictures in the New Testament

> El partimiento del pan, la administración y el recibimiento de la Santa Comunión, el rompimiento de la Eucaristía... La práctica de la iglesia primitiva era realizarlo cada día.[6]
>
> —THE BIBLE COMMENTARY

> Celebrar la Cena del Señor. Al principio se observaba la noche de cada día... quienes también continuaban en el templo alabando a Dios y celebrando la Cena del Señor en sus casas... [7]
>
> —THE PREACHERS COMPLETE HOMILETIC COMMENTARY

> Ellos continuaban regularmente en el partimiento del pan; por ejemplo, en la celebración del sacramento de la Cena del Señor o Santa Comunión. Al principio, la Cena del Señor se celebraba todos los días.[8]
>
> —A COMMENTARY OF THE HOLY BIBLE

> Partiendo el pan de casa en casa. Ellos seguían de modo natural su particular rito santo, el Sacramento del Nuevo Pacto, apartados del público...[9]
>
> —COMENTARIO LANGE DE LAS SANTAS ESCRITURAS

Estos diferentes comentarios cristianos escritos por eruditos bíblicos están de acuerdo en que la frase "partimiento del pan" se refiere a recibir la Comunión, la Eucaristía o la Cena del Señor. Estos tres términos identifican el mismo rito sagrado de recibir el pan y el fruto de la vid para la Comunión. Nótese de nuevo que originariamente se realizaba a diario de casa en casa (Hechos 2:46).

TODAS LAS VECES QUE LO HAGAN

Desde la época del Éxodo, la Pascua judía se celebraba una vez al año, el día catorce del mes de Nissan, que normalmente cae en los meses de primavera de marzo o abril. Cristo fue crucificado en el periodo de la Pascua, e introdujo el nuevo pacto durante ese periodo.

Algunos creyentes mesiánicos enseñan que la Comunión sólo debiera recibirse una vez al año, durante la Pascua. Sin embargo, la Biblia dice: "Todas las veces que la bebiereis..." (1 Corintios 11:25), lo que no regula un momento específico o una época del año en particular. La Comunión era tan importante en la Iglesia primitiva que se realizaba día tras día de casa en casa. Quizá fuera para asegurarse de que todos los nuevos creyentes dispersos por la ciudad pudieran disfrutar del compañerismo personal e íntimo del Señor por medio de su sagrada Cena entre los fieles.

Las fiestas del amor

El Nuevo Testamento también habla de las fiestas de amor (ágape) en Judas 12. Estas fiestas eran patrocinadas por miembros acaudalados de la iglesia, quienes ofrecían una comida especial para los pobres en sus congregaciones. Las fiestas del amor incluían a los pobres, las viudas, los huérfanos y otros que carecían de recursos económicos para suplir sus necesidades personales. Algunos eruditos creen que se realizaban cada tarde en relación con la Comunión.[10] En el siglo II la fiesta ágape fue separada de la Comunión como dos rituales diferenciados. La Comunión se realizaba al final del servicio de la mañana y la fiesta del amor más avanzado ese día.

Según la historia del cristianismo primitivo, estas fiestas continuaron en la Iglesia hasta el siglo IV, cuando fueron prohibidas por el concilio de Laodicea. Algunos sugieren que eso también causó que poco a poco se fuera quitando énfasis a la Comunión de casa en casa, a medida que los creyentes comenzaron a recibirla sólo en las iglesias locales. Aunque no hay una referencia directa entre los historiadores en cuanto al porqué el partimiento del pan pasó de realizarse en las casas a convertirse en una actividad realizada solamente en las iglesias, parece deberse a que, debido al crecimiento de la iglesia, se construyeron edificios en las comunidades, donde los creyentes se reunían semanalmente en iglesias locales en lugar de en las casas. De ese modo, la iglesia local se convirtió en el corazón de la actividad espiritual, en lugar de serlo las casas de los creyentes.

Personalmente sospecho que el sistema religioso central, que se desarrolló desde la iglesia de Roma, se resistió a permitir que gente común tuviera alguna forma de autoridad espiritual fuera de la jerarquía de la iglesia. Así, al iniciarse que la Cena del Señor (llamada Misa en latín) únicamente pudiera ser administrada por un sacerdote en la iglesia, motivó que los creyentes fueran fieles a la iglesia y se mantuvieran bajo la autoridad del liderazgo.

Aunque la Biblia enseña, sin ninguna duda, la autoridad espiritual y la sujeción a quienes están sobre usted en el Señor (Hebreos 13:7), las fiestas del amor fueron olvidadas y la Cena del Señor se convirtió más en un rito espiritual semanal para algunos, en lugar de ser una comida de compañerismo y sanidad en la tranquila intimidad del hogar de un creyente.

CAMINAR EN SANIDAD EN EL PRINCIPIO

Una parte importante de la Comunión es la sanidad obtenida por medio de la expiación de Cristo. Durante los primeros días de la Iglesia parece ser que los creyentes caminaban en una atmósfera de salud, gozo y fuerza; sin embargo, a medida que pecados ocultos, desobediencia, falta de perdón y contiendas entraron en la congregación y se esparcieron como cáncer por los miembros del cuerpo, algunos creyentes experimentaron debilidades, otros enfermaron e incluso algunos murieron prematuramente. Esto esta claro en la carta de Pablo a los Corintios:

> Porque el que come y bebe indignamente, sin discernir el cuerpo del Señor, juicio come y bebe para sí. Por lo cual hay muchos enfermos y debilitados entre vosotros, y muchos duermen
>
> —1 CORINTIOS 11:29-30

La Iglesia primitiva "tenía todas las cosas en común" (Hechos 4:32). Mientras los creyentes caminaron en amor (recuerde las fiestas del amor), centraron su mensaje en Cristo y mantuvieron una vida de perdón y santidad, terminaron los días de su vida creciendo en la gracia de Dios. El principal ataque satánico que los primeros cristianos experimentaron fue la persecución, que está garantizada para aquellos que viven por la Palabra de Dios (Marcos 4:17). En aquel entonces y en la actualidad, las contiendas y la envidia en la iglesia fomentan confusión y toda obra perversa. (Santiago 3:16). Esta obra perversa le abre una puerta al enemigo para entrar a medida que la persona le da lugar al diablo (Efesios 4:27).

La iglesia en Corinto

Algunos en la iglesia en Corinto estaban abriendo esa puerta al diablo. Pablo escribió dos cartas detalladas a esta iglesia: Primera y Segunda Epístola a los Corintios. Comenzó su primera carta exponiendo el hecho de que los creyentes estaban experimentando contiendas entre ellos. Pablo escribió que había contiendas y división entre ellos (1 Corintios 3:3). Al sacar a la luz esta trampa, añadió que había divisiones y herejías entre ellos (1 Corintios 11:18). La iglesia había recibido la enseñanza de caminar en amor (1 Corintios 13), pero ellos no se habían arrepentido los unos ante los otros, y por eso algunos estaban recibiendo la Cena del Señor de una manera indigna. Esas disensiones estaban poniendo obstáculos a que el poder sanador de Dios se manifestase entre los creyentes de la iglesia; el resultado fue que muchos estaban enfermos y debilitados, ¡y muchos morían porque no discernían el cuerpo de Cristo!

Mientras la Iglesia primitiva enseñó la sencilla revelación de la obra de expiación de Cristo y caminó en amor puro y fe, hubo una continua manifestación de sanidad que demostraba el pacto de sanidad; pero cuando la carne levantó su cabeza, el resultado fue debilidad y enfermedades en la iglesia. Por eso Pablo enseñó a los creyentes a juzgarse (examinarse) a sí mismos cuando recibían la Cena del Señor (1 Corintios 11:28). La palabra griega para *examinar* en este pasaje significa probarse a uno mismo.[11] Esta búsqueda interior enciende la luz sobre nuestras imperfecciones individuales y debilidades, causando que la persona se arrepienta y confiese sus faltas. Esta confesión de faltas personales (pecados, errar el blanco) y orar los unos por los otros llevaría a la bendición de la sanidad.

> Confesaos vuestras ofensas unos a otros, y orad unos por otros, para que seáis sanados. La oración eficaz del justo puede mucho.
>
> —Santiago 5:16

No vivir sólo de pan

La Escritura dice: "Jesús, respondiéndole, dijo: Escrito está: No sólo de pan vivirá el hombre, sino de toda palabra de Dios." (Lucas 4:4). Podemos recibir el pan de la Comunión todos los días; sin embargo, también debemos alimentarnos de las Escrituras y de toda palabra que viene de Dios. Por ejemplo, si usted recibe el pan de la Comunión pero en su corazón desprecia a su hermano, entonces está quebrantando el mandamiento del nuevo pacto de amar y perdonar a sus enemigos (Mateo 5:44). Si usted no ha perdonado a aquellos que le han hecho mal y a la vez está clamando por su propia sanidad, primero debe soltar a las personas que tiene cautivas en su corazón y perdonarles sus ofensas (Mateo 6:12). No podemos esperar que el poder sanador de Dios obre en nuestras vidas si sólo estamos comiendo el pan y no caminamos en obediencia a la Palabra de Dios.

Por eso debemos confesar nuestras faltas los unos a los otros y orar unos por otros, para que seamos sanados (Santiago 5:16). Cristo es nuestro ejemplo. Él no murió en la cruz hasta que oró: "Padre, perdónalos porque no saben lo que hacen" (Lucas 23:34). Cristo sabía que no podía morir para redimir a la humanidad del pecado si Él mismo moría sin perdonar a aquellos que le habían golpeado y crucificado. Aun Esteban, mientras le estaban apedreando, le pidió a Dios que no les tomara en cuenta el pecado de matarlo (Hechos 7:60). Esas dos oraciones tuvieron un resultado asombroso. En el momento en que Cristo murió, el cruel centurión se convirtió diciendo: "Verdaderamente este era hijo de Dios" (Mateo 27:54). Un hombre que se encontraba en el lugar donde estaban apedreando a Esteban era Saulo de Tarso, quien después se convirtió y llegó a ser el gran apóstol Pablo (Hechos 7:58).

La obediencia a la Palabra no solamente incluye el entendimiento de la Comunión y la participación en ella, sino también liberar a cualquiera que nos haya dañado físicamente, emocionalmente o espiritualmente. Así es como nos juzgamos a nosotros mismos en la Cena del Señor: examinando nuestra relación con Dios y con los hombres.

Podemos ver claramente que el partimiento del pan era una práctica diaria y consistente entre los primeros cristianos y formaba parte de la cena de Comunión, que era administrada de casa en casa. El pan representaba el precioso cuerpo de nuestro Señor, que fue molido por nuestra sanidad (Isaías 53:5; 1 Pedro 2:24). La Escritura revela que este proceso de la expiación de Cristo no comenzó en la cruz, sino en el huerto de Getsemaní. Descubramos los secretos de la redención que comenzaron en el huerto.

Para reflexionar

1. Enumere dos referencias del Nuevo Testamento donde ellos "partieron el pan".

   a.____

   b.____

2. Nombre tres personas que tenían iglesias en sus casas.

   a. Romanos 16:5

   ____

   b. Colosenses 4:15

   ____

   c. Filemón 2

   ____

3. Nombre cinco comentarios que enseñan que el partimiento del pan era la comunión diaria.

   a.____

   b.____

   c.____

   d. ____

   e.____

4. Describa lo que era una "fiesta del amor" en la Iglesia primitiva.

   ____

   ____

   ____

5. ¿Qué condición(es) espirituales obstaculizaban la "salud" de la iglesia en Corinto?

   a. 1 Corintios 3:3

   ____

   b. 1 Corintios 11:18

   ____

6. ¿Qué otra cosa debemos hacer para obedecer a Dios además de recibir el pan de la Comunión?

   ____

   ____

Capítulo 4

Secretos en el huerto de Getsemaní

Así también está escrito: Fue hecho el primer hombre Adán alma viviente; el postrer Adán, espíritu vivificante.

—1 Corintios 15:45

EN EL HUERTO DE Edén, el primer Adán no nació a través de un proceso de parto natural, y tampoco lo hizo el segundo Adán: Jesucristo. El primer Adán fue formado del polvo, y el segundo Adán fue formado en el vientre de una virgen (Génesis 2:7; Lucas 1:27–31). El primer Adán fue perfecto antes de la Caída, y el segundo Adán no tuvo pecado en toda su vida (2 Corintios 5:21). El primer Adán cayó en pecado mientras vivía en el huerto, y el segundo Adán llevó los pecados del mundo sobre Él en un huerto llamado Getsemaní. En el árbol del conocimiento del bien y del mal el primer Adán experimentó la muerte, y en un árbol llamado cruz el segundo Adán conquistó la muerte, el infierno y el sepulcro, y vive por los siglos de los siglos (Apocalipsis 1:18). La muerte eterna comenzó en un huerto, y el plan de redención comenzó cerca del templo en Jerusalén, en un huerto llamado Getsemaní.

Existe un poderoso misterio que rodea aquella fatídica noche de destino en Getsemaní. Ese huerto de Jerusalén, que descansa en un estrecho valle entre la puerta oriental y el monte de los Olivos, era un lugar de retiro favorito para Cristo, donde se apartaba a reflexionar y a orar (Juan 18:2). Algunos han sugerido que este huerto puede que perteneciera a un rico seguidor de Jesús, quizá José de Arimatea o Nicodemo, que fue el hombre rico que visitó a Jesús secretamente en la noche (Juan 3:1–15). Las Escrituras indican que Cristo se reunía allí frecuentemente con sus discípulos. Aquella noche la reunión se convertiría en un servicio de intercesión que duraría toda la noche.

Fue en este mismo huerto donde Cristo reveló a Nicodemo que, como Moisés había levantado la serpiente en el desierto, así Él (Cristo) sería levantado (en la cruz) para atraer a todos los hombres a Él (Juan 3:14). La historia de la serpiente de bronce en Números 21:2–9 es una imagen asombrosa de la obra redentora de Cristo. Israel había pecado y eran mordidos por serpientes, y mientras la gente moría, Moisés hizo una serpiente de bronce y la puso sobre un asta; ¡y todo el que mirase la serpiente de bronce vivía! Dios escogió una serpiente de bronce para representar a Cristo, pues el bronce representa a la humanidad y la serpiente representa el pecado. ¡Cristo se hizo hombre y llevó nuestros pecados en el madero!

Cristo entró en el huerto e invitó a tres de sus discípulos —Pedro, Santiago y Juan— a participar en una importante noche de vigilia de oración. Cansados por una semana ocupada, el equipo de apoyo en oración se quedó dormido mientras Cristo derramaba su alma durante una hora. Cristo entendía los acontecimientos que se aproximaban; su oración se convirtió en una intercesión agonizante de tres horas, hasta el grado en que su sudor era como grandes gotas de sangre (Lucas 22:44) Esto sólo podría suceder bajo un extremo estrés físico y mental, pues los vasos capilares se dilatan y permiten que la sangre se mezcle con el sudor. La palabra agonía viene de la raíz *agon,* que alude a un enfrentamiento o a una pelea.[1]

¿Qué estaba ocurriendo realmente? Yo creo que, durante aquellas tres horas, los pecados de la humanidad estaban siendo transferidos a Cristo, al igual que en el Antiguo Testamento cuando el pecado de Israel era transferido al chivo expiatorio en el Día de Expiación. Vemos una referencia a esta transferencia de pecados a Cristo en 2 Corintios 5:21:

> Al que no conoció pecado, por nosotros lo hizo pecado, para que nosotros fuésemos hechos justicia de Dios en él.
>
> —2 CORINTIOS 5:21

Cuando Cristo soportaba los pecados del mundo, yo creo que Él experimentó una carga insoportable, causando que Él orara que, si era posible, Dios permitiera que esa copa pasara de Él (Mateo 26:42, 44). Las dos horas de agonía fueron tan intensas que Pablo escribió en Hebreos que ese acontecimiento casi mata a Cristo, y que tuvo que buscar a Dios para que lo guardase de una muerte prematura:

> Y Cristo, en los días de su carne, ofreciendo ruegos y súplicas con gran clamor y lágrimas al que le podía librar de la muerte, fue oído a causa de su temor reverente. Y aunque era Hijo, por lo que padeció aprendió la obediencia;
>
> —HEBREOS 5:7–8

¿Cómo es que Dios lo libró de la muerte si Cristo murió en la cruz al día siguiente? Dios guardó a Cristo de morir en el huerto, mientras el estrés agonizante presionaba la sangre a través de los poros de su cara. Isaías previó ese acontecimiento cuando escribió: "Cuando haya puesto su vida en expiación por el pecado... y llevará las iniquidades de ellos" (Isaías 53:10–11).

Después, Isaías escribió acerca del sufrimiento del Mesías cuando dijo:

> Ciertamente llevó él nuestras enfermedades, y sufrió nuestros dolores; y nosotros le tuvimos por azotado, por herido de Dios y abatido.
>
> —ISAÍAS 53:4

Más de seiscientos años después, Mateo recordaba que la profecía de Isaías se había cumplido a través de Jesucristo cuando Él sanaba a los enfermos:

> Para que se cumpliese lo dicho por el profeta Isaías, cuando dijo: El mismo tomó nuestras enfermedades, y llevó nuestras dolencias.
>
> —MATEO 8:17

En Isaías 53, la Biblia en inglés habla de "aflicciones" y "dolores". Mateo traduce correctamente estas palabras hebreas como "enfermedades" y "dolores". Él revela que Cristo cargó en Él nuestras enfermedades y dolores. De esta manera, y en el huerto, Él fue hecho pecado con nuestros pecados y enfermedad con nuestras enfermedades. ¿Resulta asombroso que Él estuviera pidiendo que pasara de Él esa copa? No sólo era la copa de la cruz, sino también los sufrimientos que Él estaba experimentando en Getsemaní.

Cristo sabía, sin embargo, que sus sufrimientos eran parte de un plan divino: traer salvación y sanidad a todos los que recibieran el nuevo pacto. Esta expiación tendría impacto en el cuerpo, el alma y el espíritu de cualquier persona que aceptara la obra completa de expiación de Cristo.

CUERPO, ALMA Y ESPÍRITU

> Y el mismo Dios de paz os santifique por completo; y todo vuestro ser, espíritu, alma y cuerpo, sea guardado irreprensible para la venida de nuestro Señor Jesucristo.
>
> —1 TESALONICENSES 5:23

El cuerpo físico puede enfermarse, el alma (mente) puede experimentar emociones negativas, y el espíritu humano puede ser manchado por el pecado a través de la desobediencia a la Palabra de Dios. La expiación se propone redimir el espíritu, renovar el alma y restaurar o sanar el cuerpo, causando que una persona sea salva o completa en Cristo.

Isaías desglosa cómo los sufrimientos del Mesías impactarán la naturaleza tripartita de la humanidad:

1. La expiación del cuerpo

Isaías profetizó: "por su llaga fuimos nosotros curados" (Isaías 53:5). Isaías mira hacia el futuro, a la obra expiatoria del Mesías. Sin embargo, Pedro mira hacia atrás a la obra terminada en la cruz y proclama: "por cuya herida fuisteis sanados" (1 Pedro 2:24).

2. La expiación del alma

Isaías reveló la expiación del alma cuando escribió: "Despreciado y desechado entre los hombres, varón de dolores, experimentado en quebranto" (Isaías 53:3). Cristo también fue oprimido y afligido (v. 7). Opresión, tristeza y dolor son todas ellas emociones que pueden causar estragos en las mentes de los creyentes; sin embargo, Cristo llevó nuestras tristezas y dolores en la cruz por nosotros.

3. *La expiación del espíritu*

El profeta luego reveló que el Cristo sería herido por nuestras rebeliones y molido por nuestros pecados (Isaías 53:5). En el versículo 10 escribió: "Cuando haya puesto su vida en expiación por el pecado". El pecado es una enfermedad espiritual que carcome el espíritu humano. La meta definitiva de Cristo era redimir el espíritu de la persona e impartir el don de la vida eterna.

Isaías resume los sufrimientos del Mesías en los últimos dos versículos de Isaías 53:

> Verá el fruto de la aflicción de su alma, y quedará satisfecho; por su conocimiento justificará mi siervo justo a muchos, y llevará las iniquidades de ellos. Por tanto, yo le daré parte con los grandes, y con los fuertes repartirá despojos; por cuanto derramó su vida hasta la muerte, y fue contado con los pecadores, habiendo él llevado el pecado de muchos, y orado por los transgresores.
>
> —Isaías 53:11–12

Nótese que Él llevará sus iniquidades; Cristo llevó nuestros pecados. Él derramó su alma hasta la muerte. Él fue colgado en una cruz entre dos transgresores (ladrones), e intercedió por uno de los ladrones que le pidió que lo recordara cuando Jesús viniera en su reino (Lucas 23:39–42). ¡Jesús proveyó una obra redentora completa, desde el poste donde lo azotaron hasta la vieja y tosca cruz! Las llagas de su espalda fueron por mi sanidad física, las espinas en su cabeza me proporcionan bienestar mental y emocional, y el sufrimiento en la cruz dio un golpe mortal al pecado y proporcionó vida eterna a mi espíritu.

Tres hombres representan los tres niveles de expiación

No es coincidencia que Cristo escogiera tres hombres de entre los doce discípulos para ser su círculo íntimo aquella noche en el huerto. Sus tres discípulos más cercanos —Pedro, Santiago y Juan— tiene cada uno de ellos cierto rasgo en su carácter que es ejemplo de la expiación emocional, física y espiritual. Pedro representaba la expiación emocional; Santiago, la expiación física; y Juan la expiación espiritual.

En primer lugar, veamos a Pedro. Él continuamente necesitaba una renovación de sus emociones. Antes de que Pedro recibiera el Espíritu Santo era impetuoso, arrogante y egoísta. Fue Pedro quien pidió caminar sobre el agua con Jesús. Pedro también reprendió a Cristo por predecir que moriría en Jerusalén. Él insistió en que nunca negaría a Cristo, pero tenía poca confianza en que los otros pudieran seguir su fuerte postura hacia el Salvador. Para demostrar su lealtad, el rápido y nervioso espadachín cortó la oreja de la cabeza de un sirviente del sumo sacerdote. Sin embargo, horas después, su abrasadora pasión se enfrió cuando, lleno de miedo, negó al Señor tres veces. Y para demostrar aún más el punto, pronunció unas cuantas maldiciones (Mateo 26:69–75). Pedro fue un apóstol, llamado por Dios, pero sin embargo, emocionalmente era inestable algunas veces. Pedro es la imagen de una persona que ama al Señor pero vive en una montaña rusa espiritual y necesita estabilidad.

Una de las instrucciones más detalladas en el Nuevo Testamento, que muestra cómo los ancianos en la iglesia deben ministrar a los enfermos, fue redactada por el apóstol Santiago:

> ¿Está alguno enfermo entre vosotros? Llame a los ancianos de la iglesia, y oren por él, ungiéndole con aceite en el nombre del Señor. Y la oración de fe salvará al enfermo, y el Señor lo levantará; y si hubiere cometido pecados, le serán perdonados. Confesaos vuestras ofensas unos a otros, y orad unos por otros, para que seáis sanados. La oración eficaz del justo puede mucho.
>
> —SANTIAGO 5:14–16

Este pasaje tiene que ver más con la sanidad física que con la espiritual. Las oraciones de los ancianos están diseñadas para los creyentes de la iglesia. Los enfermos deben llamar a los ancianos. Por favor, observe cómo la confesión de las faltas unos otros está relacionadas con recibir la sanidad. Santiago, el segundo de los discípulos del círculo cercano de Jesús, da los detalles de la expiación física.

El tercer discípulo fue Juan. El Evangelio de Juan da la más clara y detallada descripción del sufrimiento de Cristo y su obra redentora por medio de de la cruz. Cuando los nuevos convertidos comienzan a leer la Biblia, los ministros regularmente sugieren que comiencen con el Evangelio de Juan. Este amigo de Cristo estuvo con Él en el huerto. Él fue testigo del juicio, y estuvo a los pies de la cruz con María cuando los demás se escondieron por miedo (Juan 18:16; 19:27). Así, Juan es el discípulo cuyo tema está centrado en la expiación espiritual de la humanidad.

La vida y los escritos de estos tres discípulos tienen mucho significado, debido al triple impacto que la obra completa de Cristo tuvo en la humanidad: sanidad emocional, sanidad física y una redención espiritual completa del pecado.

Misterios en el huerto

No fue únicamente el pecado y la enfermedad lo que el Cordero de Dios, Jesucristo, cargó en la cruz; también Satanás estaba interesado en los acontecimientos que se estaban produciendo. Jesús lo dejó claro cuando se estaba preparando en el huerto para el conflicto.

> No hablaré ya mucho con vosotros; porque viene el príncipe de este mundo, y él nada tiene en mí.
>
> —Juan 14:30

El príncipe del mundo era Satanás mismo. Parece que Cristo quería que sus discípulos supieran que, cuando su sudor se convirtió en sangre y cuando los soldados lo arrestaran, esos no eran planes de Satanás sino el plan de Dios desde la fundación del mundo (Colosenses 1:26). Este plan celestial había estado oculto en tiempos pasados, pero estaba a punto de darse a conocer. Sin embargo, Dios escondió el misterio de los poderes satánicos:

> La que ninguno de los príncipes de este siglo conoció; porque si la hubieran conocido, nunca habrían crucificado al Señor de gloria.
>
> —1 Corintios 2:8

El pasaje indica que Satanás habría detenido la muerte de Cristo si hubiera conocido el impacto tan fuerte que tendría en su reino de oscuridad.

Cuando Judas entró al huerto con una compañía de seiscientos soldados romanos para capturar a Cristo, el Salvador ya estaba preparado como la ofrenda por el pecado del mundo (Juan 18:1–3). Desde este huerto, situado justamente debajo del antiguo altar del templo, el Cordero de Dios estaba listo para ser asesinado como la ofrenda final y definitiva por el pecado. El pecado atenazó a Adán en el huerto de Edén, y el pecado fue puesto sobre Cristo en el huerto de Getsemaní. No fue el pecado *de Él* sino el pecado de otros el que llevaría a la cruz.

Jesús fue nuestro sustituto, llevando nuestras enfermedades y nuestros pecados. Aunque muchas iglesias enfatizan sólo el perdón de pecados, a lo largo de la Biblia, y especialmente en el ministerio de Jesús, Él no hizo distinción entre el perdón y la sanidad física. De hecho, el perdón y la sanidad iban mano a mano. Cristo le dijo a un hombre: "Tus pecados te son perdonados", y después le ordenó al hombre que se levantase, que tomase su lecho y caminase (Lucas 5:20–25). Santiago dijo que cuando un creyente es sanado: "Y si hubiere cometido pecados, le serán perdonados" (Santiago 5:15).

El cordero de la Pascua en Éxodo12 y la serpiente de bronce en Números 21 son solamente dos de los muchos tipos y sombras de la obra expiatoria de Cristo. Hay otra analogía de Cristo que se revela como el maná que cayó del cielo en el desierto por cuarenta años.

Para reflexionar

1. ¿Quiénes fueron los dos Adán en la Escritura?

   a.____

   b.____

2. Describa lo que este capítulo dice que le sucedió a Cristo durante sus tres horas de "agonía" en el huerto de Getsemaní.

   ____

   ____

   ____

3. El hombre es un ser tripartito. Nombre las tres partes del ser humano.

   a.____

b.______________________________

c.______________________________

4. Hubo tres hombres que fueron el círculo más cercano de Jesús, aparte de los doce apóstoles, que oraban con Jesús aquella noche en el huerto: Pedro, Santiago y Juan. Cada uno de estos hombres representa una de las partes del ser humano. Explique la parte que representa cada apóstol.

    a. Pedro

    ____

    ____

    b. Santiago

    ____

    ____

    c. Juan

    ____

    ____

Capítulo 5

El misterio del maná

> Y Jesús les dijo: De cierto, de cierto os digo: No os dio Moisés el pan del cielo, mas mi Padre os da el verdadero pan del cielo.
>
> —Juan 6:32

IMAGINE TRATAR DE ALIMENTAR seiscientos mil hombres, aparte de mujeres y niños, viviendo en tiendas en un desierto desolado durante cuarenta años. Allí no había trenes que salieran de Egipto ni panaderías; sin embargo, cada mañana Dios proveía pan sobrenatural llamado maná (Números 11:9). Este pan celestial proporcionó nutrición y sustento a los hebreos mientras deambulaban por el desierto. Ese sencillo pan del cielo era una figura del Mesías que vendría.

Desde el primer día de la semana (domingo) hasta el sexto día (viernes), pequeñas y blancas gotitas caían del cielo a la tierra y eran recogidas temprano por la mañana. Era como rocío de la mañana (Éxodo 16:14). Existe mucho simbolismo en torno a este maná, que fue llamado pan del cielo y comida de ángeles (Salmo 78:25). Cuando Israel vio las pequeñas obleas esparcidas en la tierra, le llamaron maná. La raíz de maná en hebreo es *mah*, que simplemente significa "qué".[1]

> Y viéndolo los hijos de Israel, se dijeron unos a otros: ¿Qué es esto? porque no sabían qué era. Entonces Moisés les dijo: Es el pan que Jehová os da para comer.
>
> —Éxodo 16:15

Cuando los sorprendidos hebreos salieron de sus tiendas y vieron la tierra cubierta de blanco, literalmente dijeron: "¿Qué es esto?". Aquella era la primera vez que Dios había mandado a su pueblo pan del cielo, pero no fue la única. Siglos después, Cristo, el "verdadero pan del cielo", sería enviado a la tierra y multitudes se preguntarían: "¿Quién es él: un hombre, un profeta, un dios o el Mesías?".

La semilla de cilantro

La Biblia da una detallada descripción del maná:

> Y la casa de Israel lo llamó Maná; y era como semilla de culantro, blanco, y su sabor como de hojuelas con miel.
>
> —Éxodo 16:31

> Y era el maná como semilla de culantro, y su color como color de bedelio.
>
> —Números 11:7

La semilla de cilantro se utiliza en nuestros días como especia. Durante uno de nuestros programas de televisión con el Dr. John Miller, él le mostró a la audiencia un plato de semillas de cilantro pintadas de blanco, que daban la imagen perfecta del maná que Dios usó para alimentar al pueblo.

Cuando usted ve de cerca la semilla de cilantro observará pequeños surcos o "líneas" en la capa exterior.

Cuando combinamos toda la información sobre el maná, descubrimos lo siguiente:

- El maná era algo que los israelitas no habían visto jamás.
- El maná tenía la textura de una oblea.
- El maná tenía un delicado sabor a miel.
- El maná era similar a la semilla de cilantro.
- El maná caía durante la noche.
- El maná era del color del bedelio: blanco perlado.
- El maná caía durante seis días.
- Una doble porción caía el viernes.

En Juan, capítulo 6, Jesús habló acerca del maná o del pan que Dios mandó del cielo para Israel en el desierto:

> Y Jesús les dijo: De cierto, de cierto os digo: No os dio Moisés el pan del cielo, mas mi Padre os da el verdadero pan del cielo. Porque el pan de Dios es aquel que descendió del cielo y da vida al mundo. Le dijeron: Señor, danos siempre este pan. Jesús les dijo: Yo soy el pan de vida; el que a mí viene, nunca tendrá hambre; y el que en mí cree, no tendrá sed jamás.
>
> —Juan 6:32–35

Como el maná en el desierto, Jesús fue enviado del Padre en el cielo a la tierra para el pueblo de Dios: Israel. Así como el maná dio vida a quienes viajaban, Cristo vino para que tuviéramos vida, y vida en abundancia (Juan 10:10). El maná era algo que Israel nunca había visto antes en la tierra, y Cristo fue alguien que la humanidad nunca había visto antes en la tierra. Cuando Israel vio el maná en el desierto, ellos preguntaron: "¿Qué es esto?"; cuando el pueblo de Israel vio a Cristo, ellos se preguntaron: "¿Quién es él?".

El maná era blanco, un color que representa la justicia en la Biblia (Apocalipsis 19:8). El maná tenía rayas, y Cristo llevó llagas en su cuerpo. El maná había de comerse cada día durante el viaje de Israel, y Jesús es el verdadero pan del cielo. Si el maná se comía diariamente, entonces ese es otro patrón que indica que podemos participar del verdadero pan del cielo cada día por medio del pan y de la copa de la Comunión.

Es interesante notar que Dios ordenó que Israel recogiera una doble porción de maná los viernes para que no tuvieran que trabajar en el día de reposo. En una ocasión, los hebreos intentaron almacenar un poco para el día siguiente aunque no era sábado, y el maná se pudrió, empezó a oler mal y produjo gusanos. Eso se debió a que el pueblo desobedeció a Dios y no siguió sus instrucciones, al igual que en la actualidad algunos creyentes empiezan a caminar en desobediencia y finalmente traen el descontento de Dios sobre sus vidas.

El maná en la urna

Israel necesitaba maná fresco cada día, y cada intento de almacenarlo (excepto los viernes antes del sábado) causaba que el maná se echara a perder. Moisés, sin embargo, instruyó al sacerdote para que pusiera una urna de oro con maná dentro del arca del pacto. Dentro de esa caja de oro había tres cosas: el maná, la vara de Aarón que había reverdecido y las dos tablas de la ley escritas en piedra (Hebreos 9:4). Cada una de ellas representa una bendición especial de Dios.

El maná representa la salvación, pues Jesús es el pan de vida y la salvación que trae vida eterna. Las tablas de la ley representan la santificación, una bendición que le separa del poder del pecado para controlar su vida. La vara de Aarón se utilizó para hacer milagros, lo cual es una figura del poder milagroso del Espíritu Santo.

El maná en el arca nunca se echó a perder durante todo el viaje de Israel por el desierto. Yo creo que eso se debió a la tangible presencia de Dios que descansaba continuamente en el arca del pacto y, por tanto, era imposible que el maná se echara a perder mientras permanecía en el arca del pacto. Cristo murió y su cuerpo fue envuelto en lino y puesto en un sepulcro, pero su cuerpo no vio corrupción (Hechos 2:27). Según los historiadores, el cuerpo fue puesto en una gran piedra tallada de forma rectangular.

En la resurrección, los discípulos vieron a dos ángeles sentados en la losa, uno en la cabecera y el otro a los pies de donde habían puesto el cuerpo. Esta imagen es un cuadro del propiciatorio (o asiento de misericordia) en el arca del pacto. Era de oro y de forma rectangular, cubierto por dos ángeles de oro que estaban el uno frente al otro. ¡La imagen en el sepulcro es la imagen del propiciatorio del arca! Así como el maná no se corrompió en el arca en tiempos de Moisés, ¡el cuerpo de Cristo no se corrompió en el sepulcro!

El maná y el cuerpo de Cristo

Durante el ministerio de Cristo, Él partió el pan con sus discípulos, y la Iglesia partía el pan de casa en casa. En la Última Cena, Cristo partió el pan y dijo: "Este es mi cuerpo" (Marcos 14:22). Durante la Comunión, el pan es una figura del cuerpo de Cristo. La Biblia dice que Él fue herido por nuestras rebeliones y molido por nuestros pecados (Isaías 53:5). Esas heridas y golpes eran marcas físicas en el cuerpo de Cristo causadas por los violentos golpes del azote con nueve ramales: un látigo corto con nueve correas de cuero que terminaban en puntas de metal. Esas llagas nos proporcionan sanidad (v. 5). Otras heridas fueron causadas por la perforación de las uñas en sus manos y pies. El corte en su costado fue hecho por la lanza de un centurión. Una imagen del maltrato de Jesús puede verse en el maná del desierto.

EL MANÁ ERA GOLPEADO

Antes de que el maná se comiera y el pueblo fuera alimentado por el pan celestial, era necesario que el maná primero fuera golpeado y triturado:

> El pueblo se esparcía y lo recogía, y lo molía en molinos o lo majaba en morteros, y lo cocía en caldera o hacía de él tortas; su sabor era como sabor de aceite nuevo.
>
> —NÚMEROS 11:8

El maná del desierto era golpeado, después se horneaba en vasijas y se comía. Así fue con el pan eterno del cielo: Jesucristo. Su carne fue cortada en tiras sangrientas para proporcionar sanidad a la humanidad. El maná, después de haber sido golpeado, se ponía en una vasija que era pasada por fuego para cocinarlo. Cristo predijo que, después de su muerte en la cruz, descendería a las partes más bajas de la tierra (Mateo 12:40; Efesios 4:8–10). Ahora, por medio de la Cena del Señor, recordamos el cuerpo de Cristo cuando participamos del pan.

LA ESCARCHA SOBRE LA TIERRA

Otra hermosa imagen del cuerpo de Cristo y su obra expiatoria esta escondida en la historia del maná del desierto. La Biblia compara el maná con una escarcha sobre la tierra.

> Y cuando el rocío cesó de descender, he aquí sobre la faz del desierto una cosa menuda, redonda, menuda como una escarcha sobre la tierra.
>
> —ÉXODO 16:14

Todos estamos familiarizados con una mañana escarchada en el campo, pero el término "escarcha" es único. La raíz de la palabra hebrea para escarcha es ***kephowr***, una palabra que es similar a la palabra ***kippur***.[2] Yom Kippur es la frase hebrea que significa Día de Expiación, la sexta de las siete fiestas israelitas. Este era el día en que el sumo sacerdote entraba al lugar santísimo y rociaba sangre sobre el propiciatorio del arca del pacto para la expiación por sí mismo, por los sacerdotes y por el pueblo. La palabra expiación se menciona ochenta y una veces en la Biblia, y en setenta y tres de ellas la palabra hebrea es *kaphar,* que significa "cubrir, mitigar, purgar".[3] La palabra describe el proceso que se producía después de que se hubiera ofrecido un sacrificio a Dios. Cuando se derramaba la sangre, Dios sabía que eso cubriría el pecado y purgaría la conciencia del ofensor. Muchos de los holocaustos (ofrendas de sangre) eran ofrendas de expiación por el pecado y la transgresión. Teniendo en cuenta que la escarcha es una palabra hebrea usada para identificar el Día de Expiación y que significa "cubrir y mitigar", ¡era como si Dios estuviera mirando hacia delante en el tiempo, cuando el verdadero pan del cielo, Jesucristo, vendría y derramaría su sangre en la tierra para expiar a la humanidad!

Hoy día, el pan hebreo utilizado en la Pascua es una perfecta imagen del cuerpo de Cristo. Este pan llamado matzo es blanco y de forma cuadrada, con líneas de color marrón y agujeros a lo largo de toda la superficie. Este pan se cocina sin levadura (que representa el pecado), y está ligeramente tostado en la superficie. Las líneas que discurren a lo largo del pan son una imagen de los surcos que le hicieron en la espalda a Cristo durante los azotes. Los agujeros representan las perforaciones de las manos, los pies y el costado del Mesías, mientras que los puntos de color marrón nos recuerdan las heridas de su cuerpo. El maná era como una semilla de cilantro, que tiene pequeños surcos en su superficie. El maná era una figura del cuerpo golpeado del Salvador que vendría y traería salvación y sanidad a aquellos que comieran el verdadero pan del cielo.

El verdadero pan

Así como en el desierto el pan produjo vida, fortaleza y sustento a la nación entera de Israel, la Iglesia, que es una generación escogida y una nación santa (1 Pedro 2:9), debe continuar en la vida y fortaleza del Señor a través de su Palabra, su Espíritu y a través de un entendimiento y una revelación frescos de la Comunión. Cristo dijo claramente en Juan capítulo 6 que aquellos que participaran de su sangre y de su cuerpo recibirían vida y serían parte de la resurrección de los muertos.

> El que come mi carne y bebe mi sangre, tiene vida eterna; y yo le resucitaré en el día postrero. Porque mi carne es verdadera comida, y mi sangre es verdadera bebida. El que come mi carne y bebe mi sangre, en mí permanece, y yo en él.
>
> —Juan 6:54–56

Imagine la respuesta de la audiencia cuando Cristo enseñó esto en una sinagoga judía. ¡La Biblia enseña que la multitud se levantó y se fue en mitad del sermón! Los judíos no comen sangre de ninguna forma, de acuerdo a la Ley de Moisés. Está claro que ellos no entendieron el mensaje, como sucedió en otras ocasiones. Él no estaba hablando de comer literalmente su cuerpo ni de beber su sangre, al igual que cuando habló de destruir el templo y reconstruirlo de nuevo, no estaba hablando del templo de Jerusalén, sino de su propia muerte y resurrección (Juan 2:19–21). Comer su carne es el pan, y beber su sangre es el fruto de la vid de la Comunión.

El fruto de la vid

Cuando el Nuevo Testamento habla de vino, mucha gente inmediatamente imagina una botella de vino fermentado. Sin embargo, en la Biblia, la palabra vino también se usaba para describir uvas que aún colgaban de un racimo (Isaías 65:8). En el Antiguo Testamento hay diferentes palabras hebreas que sirven para distinguir entre vino fermentado, no fermentado y una bebida fuerte. En el Nuevo Testamento, sin embargo, hay una palabra común para vino, la palabra griega *oinos,* la cual hace difícil distinguir si era vino fermentado o sin fermentar.

Cuando Cristo levantó la copa en la Última Cena, Él la llamó "fruto de la vid" (Mateo 26:29; Marcos 14:25; Lucas 22:18). A las uvas se les denominaba el fruto de la vid, y se usaron uvas puras en la cena. Fuentes judías indican que durante una Pascua judía seder, tres partes de agua se mezclan con el vino, a fin de que cualquier rastro de alcohol se vea reducido significativamente. Ellos hacen eso porque los niños también participan de la Pascua seder. Uno de los padres de la Iglesia primitiva, Justino Mártir, al dar instrucciones sobre la Santa Comunión, escribió: "Entonces el supervisor recibe la copa, donde el vino y el agua son mezclados", indicando que la copa de la Pascua utilizada para la

Comunión en su época era una mezcla de agua y vino, tal como se utilizaba en una seder judía, según el Comentario *Commentary on the New Testament From the Talmud and Hebraica.*[4]

La mezcla de agua y vino es única y singular cuando consideramos que, en la crucifixión, Cristo derramó toda su sangre, y cuando el centurión clavó su lanza en el costado de Cristo salieron sangre y agua (Juan 19:34). En los antiguos tabernáculo y templos judíos dos de las sustancias eran: el agua en el lavacro y la sangre en el altar. Jesús fue bautizado en agua, su sudor (agua) se mezcló con sangre en Getsemaní, y en la cruz, sangre y agua salieron de su costado. ¡Consideremos el paralelismo de cómo nuestro proceso redentor viene por medio de la fe en la sangre de Cristo y cómo está sellado en el agua del bautismo!

> Este es Jesucristo, que vino mediante agua y sangre; no mediante agua solamente, sino mediante agua y sangre. Y el Espíritu es el que da testimonio; porque el Espíritu es la verdad. Porque tres son los que dan testimonio en el cielo: el Padre, el Verbo y el Espíritu Santo; y estos tres son uno. Y tres son los que dan testimonio en la tierra: el Espíritu, el agua y la sangre; y estos tres concuerdan.
>
> —1 JUAN 5:6–8

El pan que se come en la Pascua y en la Comunión no tiene levadura, porque la levadura representa el pecado (1 Corintios 5:7–8). Cristo fue un sacrificio sin pecado:

> Sino con la sangre preciosa de Cristo, como de un cordero sin mancha y sin contaminación.
>
> —1 PEDRO 1:19

Al haber nacido de una virgen, la sangre de Cristo no estaba manchada con el pecado original de Adán, ya que la semilla de un hombre humano no fue necesaria para concebir al Hijo de Dios. A causa de su sangre sin pecado (1 Pedro 1:19), yo personalmente creo que es mejor usar la sangre pura de la uva, o jugo de uva, cuando se recibe la Comunión. Para que el jugo de uva fermente y cree alcohol, se necesita la descomposición del azúcar para crear bacterias; y una bacteria en el jugo sería como la levadura en el pan. Para mí, eso implicaría que la sangre pura y sin pecado de Cristo se corrompería de alguna forma, limitando así el poder de su sangre redentora como una ofrenda sin pecado.

En Juan 15:1 Cristo declaró que era la vid verdadera, y en Juan 6:32–35 dijo que era el verdadero pan que viene del cielo. El fruto de la vid en la copa sólo podía recibirse cuando las uvas eran trituradas para obtener el jugo o el vino. El pan terrenal se hace del grano de trigo triturado. Jesús comparó su muerte a un grano de trigo que cae a la tierra y muere, pues, si no, queda solo; pero si muere traerá mucho fruto (Juan 12:24). Tanto el trigo como las uvas tienen que ser triturados para obtener el pan y el fruto de la vid, al igual que Cristo tuvo que ser herido, molido y crucificado para traer un pacto de vida eterna.

La mesa de la proposición

En el tabernáculo en el desierto y en los dos templos judíos, los sacerdotes preparaban pan santo que se ponía sobre una mesa de oro llamada la mesa de la proposición. La mesa estaba situada en la segunda cámara sagrada, llamada el lugar santo, enfrente de la pared del norte. Allí había doce pedazos de pan que representaban a las doce tribus de Israel (Levítico 24:5). Cada semana los sacerdotes preparaban la harina triturando el trigo y cerniendo la fina harina doce veces.[5] El pan se cocía con aceite de oliva e incienso. Cada semana los sacerdotes se comían el pan, y se cocinaba pan fresco para la mesa cada semana. Números 4:7 dice que el pan debía estar continuamente en la mesa.

La palabra hebrea para proposición significa el "pan de cara",[6] porque la mesa de la proposición estaba cerca del velo (la cortina que separaba el lugar santo del lugar santísimo). El pan se comía semanalmente durante todo el año. Esta figura le recuerda al creyente la importancia de recibir cada semana, durante el día de reposo, el pan de la Palabra en su iglesia local. Se cocinaba pan fresco cada semana, y los creyentes necesitan maná fresco cada semana.

Vemos de nuevo la importancia tanto del pan santo como de recibir el pan. En resumen:

- El maná era pan hecho en el cielo; Cristo vino del cielo.
- El maná daba sustento al pueblo hebreo; Cristo da sustento a aquellos que tienen un pacto con Él.

- El maná se comía diariamente; nosotros podemos recibir la Comunión diariamente.
- El pan de la proposición se preparaba semanalmente y se comía el día de reposo; nosotros necesitamos pan semanalmente.

Ahora que entendemos el significado de pan del cielo y la importancia de la Comunión diaria, debemos explorar el porqué un creyente tiene la autoridad espiritual de participar del sacramento, aunque no sea un sacerdote o ministro ordenado. El secreto se encuentra en el sacerdocio del creyente.

Para reflexionar

1. Existen varias características del maná en el desierto que son figuras o símbolos de Jesucristo. Debajo de cada característica que se enumera a continuación, explique cómo señala simbólicamente a Jesucristo.

   a. El maná era de color blanco puro.

   ___
   ___
   ___

   b. La semilla de cilantro con la que hacía el maná tiene surcos.

   ___
   ___
   ___

   c. El maná tenia que comerse cada día.

   ___
   ___
   ___

   d. Una porción de maná debía guardarse dentro del arca del pacto en el lugar santísimo en el tabernáculo.

   ___
   ___
   ___

2. Otro simbolismo que hay en la historia del maná del desierto lo encontramos en la palabra hebrea "escarcha", en Éxodo 16:14, que es *kephowr*. ¿Cómo nos señala a Jesucristo el significado de esta palabra?

____

____

____

3. El pan judío matzo, utilizado actualmente en la celebración de la Pascua, también tiene características simbólicas que nos señalan a Jesús. Describa el simbolismo del pan matzo en las siguientes líneas.

____

____

____

Capítulo 6

El sacerdocio del creyente

> Mas vosotros sois linaje escogido, real sacerdocio, nación santa, pueblo adquirido por Dios, para que anunciéis las virtudes de aquel que os llamó de las tinieblas a su luz admirable.
>
> —1 Pedro 2:9

EN EL ANTIGUO ISRAEL, DIOS estableció un sacerdocio terrenal para recibir el diezmo, ofrecer sacrificios, supervisar el tabernáculo y después los dos templos judíos en Jerusalén, y también como un puente para unir el cielo con la tierra, a Dios con el hombre. El misterioso Melquisedec fue el primer rey-sacerdote de Dios en tiempos de Abraham. Cuatrocientos años después, el hermano de Moisés, Aarón, inició el sacerdocio aarónico en la época del tabernáculo. Siglos después, en tiempos de Salomón, un sacerdote fiel llamado Sadoc formó el sacerdocio sadoico (Ezequiel 48:11). El sacerdocio judío terminó abruptamente en la destrucción del templo en el año 70 d.C.

El bautismo de Jesús

Sin embargo, el verdadero sacerdocio fue transferido mucho antes del año 70 d.C., y el proceso comenzó cuando Jesús, a la edad de 30 años, se detuvo en el Jordán para ser bautizado.

Juan el Bautista, el primo de Cristo, era el hijo del sacerdote Zacarías, quien servía en el templo de Jerusalén (Lucas 1:9–13). Juan estaba bautizando creyentes en el río Jordán en un área llamada Betábara (Juan 1:28). Ese era el mismo lugar donde, mil quinientos años antes, Josué había cruzado el río Jordán y había dicho a los hebreos que tomasen doce piedras lisas del río y construyeran un monumento en el lado israelita del río, como memorial y recordatorio de que Dios abrió el río Jordán para que ellos cruzaran en seco. El sacerdote también tomó doce piedras y las puso en el cauce seco del río (Josué 4:1–10). Aquel día, las aguas del río Jordán se detuvieron en un montón hasta una ciudad llamada Adán, a 10 millas de allí (16 kilómetros) rumbo al Mar Muerto (Josué 3:16).

El área donde Josué cruzó es la misma área donde Juan bautizó a Jesús, y esto tiene un poderoso significado profético. Cuando un sumo sacerdote se estaba preparando para transferir el sacerdocio a su hijo, se realizaba un proceso triple:

1. El hijo del sumo sacerdote tenía que sumergirse en agua para purificarse (Levítico 8:6).
2. El aceite santo tenía que ser derramado sobre la cabeza del hijo del sumo sacerdote (Levítico 8:12).
3. El sumo sacerdote tenía que declarar públicamente que ese era su hijo (Números 20:28).

Este proceso de tres partes ocurrió cuando Cristo vadeó el río Jordán. Cristo pisó el mismo lugar donde Josué había cruzado. El nombre hebreo de Josué era Yeshuah, y el nombre hebreo de Jesús es Yeshuah. En tiempos de Josué, las aguas del Jordán se detuvieron en un montón hasta la ciudad de Adán, así como en la obra redentora de Cristo se quitó el pecado de la humanidad hasta el primer hombre: Adán. Cuando Cristo se metió en las frías aguas del río Jordán, estaba siendo reconocido por Juan, que era el hijo de un sacerdote judío. Cristo no fue bautizado para la remisión de pecados, porque Él no tenía pecado. Hay un significado más profundo en su bautismo. Cristo tenía 30 años de edad, la misma edad en que un levita entraba en el sacerdocio (Números 4:30). Israel no tenía la menor idea de que el sacerdocio en Jerusalén estaba siendo transferido a un hombre: ¡Jesucristo! Ese patrón se distingue en su bautismo.

1. Cristo fue bautizado en agua, símbolo de preparación para el sacerdocio.
2. El Espíritu descendió sobre Él en forma de paloma; eso era la unción (Mateo 3:16).

3. Dios habló desde el cielo declarando que Jesús era su hijo (Mateo 3:17).

Aparición de señales sobrenaturales

A partir de ese momento, a los 30 años de edad, Cristo predicaba arrepentimiento y demostraba el reino de Dios, perdonando al pecador y sanando a los enfermos y los desahuciados. Desde ese momento, la historia judía registra numerosas señales en el templo, que demostraban que el favor del Señor ya no estaba en los rituales. Hay ciertas cosas que menciona el Talmud judío que ocurrieron en el año 30 d.C., aproximadamente cuando Cristo comenzó su ministerio público.

Según el Talmud judío (Yoma 39), señales sobrenaturales comenzaron a ocurrir en el templo cuando Simeón el Justo sirvió como sumo sacerdote durante un periodo de cuarenta años. Después de su muerte continuaron de vez en cuando, y eran una buena señal para los judíos. Esas buenas señales se manifestaron cerca del año 300 d.C., en la época de Alejandro Magno.

Sin embargo, alrededor del año 30 d.C., unos cuarenta años antes de la destrucción del templo, las siguientes señales extrañas comenzaron a ocurrir.

La primera señal tenía que ver con el Día de Expiación. En ese día, el sumo sacerdote se ponía frente a dos machos cabríos idénticos y echaba suertes, con *un guijarro blanco y otro negro* que estaban en una urna de oro (Yoma 4:1, 37). La piedra negra estaba marcada por Azazel y la blanca por el Señor; cuando la suerte caía para el Señor en la mano derecha del sacerdote, era un buen presagio. Pero desde aproximadamente el año 30 d.C. y en adelante, nunca volvió a caer en la mano derecha del sacerdote.

En el Día de Expiación, *se utilizaban tres cuerdas escarlata*: una era atada a los cuernos del chivo expiatorio, otra alrededor del cuello del macho cabrío del Señor, y la tercera cuerda roja era clavada en la puerta del templo. En la época de Simeón, la cuerda roja de forma sobrenatural se volvió de color blanco, cumpliendo Isaías 1:18: "Venid luego, dice Jehová, y estemos a cuenta: si vuestros pecados fueren como la grana, como la nieve serán emblanquecidos; si fueren rojos como el carmesí, vendrán a ser como blanca lana". A partir del año 30 d. C. y en adelante, la cuerda roja nunca más se volvió de color blanco.

En el lugar santo, estaba *el candelero de oro de siete brazos,* llamado la menorah. Cada mañana, las siete mechas se limpiaban y se añadía aceite nuevo. El brazo del lado oriental era el más cercano al lugar santísimo, y era el primer brazo que se encendía después del proceso de limpieza. Los otros seis eran encendidos de la luz del que ya estaba encendido: el oriental. En época de Simeón, el brazo oriental estaba encendido constantemente, aun cuando los otros se consumieran. En el año 30 d.C., el brazo del lado oriental comenzó a consumirse antes que los demás.

En el templo había un altar de bronce cuadrado donde los sacrificios de animales eran quemados. Según fuentes judías, solamente *dos troncos* se quemaban de forma sobrenatural en el altar y no se añadía más madera durante todo el día. Después del año 30 d.C., más troncos tuvieron que añadirse para mantener el fuego ardiendo.

Otro incidente extraño sucedió con respecto *al pan que el sacerdote comía* de la mesa de proposición. En tiempos de Simeón el Justo, a todos los sacerdotes se les daba un pedazo de pan del tamaño de un guisante y con eso quedaban satisfechos, pero a partir del año 30 d.C., los sacerdotes recibían una porción del tamaño de un haba porque la porción pequeña ya no les satisfacía.

Aunque los rabinos judíos se cuestionaban el significado de esas extrañas señales que ocurrían cuarenta años antes de la destrucción del templo, yo creo que cuando entendemos que el sacerdocio había sido transferido en el río Jordán alrededor de la misma época, entonces podemos comprender el verdadero significado de estas señales.

El significado de las señales

En el Día de Expiación, cuando la piedra del Señor cayó en la mano equivocada, fue una indicación de que el pecado que había sido transferido al chivo expiatorio nunca más sería aceptado, pues el Cordero de Dios ahora estaba en escena (Juan 1:29).

La cuerda roja, que nunca más se volvió blanca, era un mensaje de que ningún chivo expiatorio podría otra vez soportar nuestros pecados y llevárselos; sólo Cristo podía llevar nuestros pecados (1 Pedro 2:24). La llama cerca del lugar santísimo que se consumía demostraba que la nueva luz del mundo estaba en la tierra (Juan 8:12). El fuego en el altar sería reemplazado por el fuego del Espíritu Santo (Mateo 3:11). El pan de la mesa nunca más satisfaría, ¡porque el pan del cielo ahora estaba entre nosotros! Estas señales del templo indicaban un cambio.

CRISTO, EL NUEVO SUMO SACERDOTE

Un incidente poderoso también revela cómo el sacerdocio judío pasaba de un sacerdocio tradicional a una nueva orden de sacerdocio celestial establecida por Dios a través de Jesucristo. En tiempos de Cristo, Caifás era el sumo sacerdote (Mateo 26:3). Muchas veces se nos enseña que los sacerdotes querían la muerte de Jesús porque los líderes lo odiaban y creían que era una amenaza; pero las palabras de Caifás revelaban una perspectiva diferente. Después de la resurrección Lázaro de los muertos, los líderes judíos —hombres, con fariseos y jefes de los sacerdotes— estaban preocupados de que Jesús pudiera causar un levantamiento que podía conducir al Imperio Romano a tomar Jerusalén y quitar a los líderes espirituales del poder. En ese momento el sumo sacerdote pronunció una palabra profética:

> Entonces Caifás, uno de ellos, sumo sacerdote aquel año, les dijo: Vosotros no sabéis nada; ni pensáis que nos conviene que un hombre muera por el pueblo, y no que toda la nación perezca. Esto no lo dijo por sí mismo, sino que como era el sumo sacerdote aquel año, profetizó que Jesús había de morir por la nación; y no solamente por la nación, sino también para congregar en uno a los hijos de Dios que estaban dispersos. Así que, desde aquel día acordaron matarle.
>
> —JUAN 11:49–53

Caifás conocía las profecías del Antiguo Testamento, incluidas las predicciones de Isaías del sufrimiento del Mesías (Isaías 53:1–12). Juan dijo que Caifás profetizó que Jesús moriría por la nación. ¡A partir de ese momento ellos decidieron matarlo! Después, cuado Jesús ya había sido arrestado, estuvo delante de Caifás, quien demandó saber si Jesús era el hijo de Dios (Mateo 26:63). Jesús respondió: "Tú lo has dicho...". Parece ser que Jesús sabía que Caifás en algún momento había dicho (quizá en privado) que Jesús era el hijo de Dios. Jesús entonces dijo: "Desde ahora veréis al Hijo del Hombre sentado a la diestra del poder de Dios, y viniendo en las nubes del cielo" (v. 64).

Caifás inmediatamente rasgó su manto y dijo que Cristo había blasfemado. Al rasgar sus vestidos demostraba su enojo, pero desde una perspectiva judía, había mucho más poder simbólico en ese acto. La vestimenta del sumo sacerdote estaba hecha de un tejido especial y abierta en el cuello para evitar que se rasgara:

> Harás el manto del efod todo de azul; y en medio de él por arriba habrá una abertura, la cual tendrá un borde alrededor de obra tejida, como el cuello de un coselete, para que no se rompa.
>
> —ÉXODO 28:31–32

Si un sacerdote había de ser expulsado de su oficio sacerdotal, el sumo sacerdote debía rasgar la vestimenta por la parte de delante del cuello como testimonio público de que el ministerio sacerdotal de ese hombre ya no era válido. Cuando Caifás rasgó su propia vestimenta sacerdotal, él mismo, por la tradición judía, invalidó su propio oficio como sumo sacerdote. Como sumo sacerdote, él debía supervisar las ofrendas de los corderos de la Pascua que se acercaba. Podemos suponer que Caifás sabía el motivo de la venida de Cristo y que, para perdonar pecados, Cristo era el Hijo de Dios y sufriría la muerte. Así, se nos da otro ejemplo de la transferencia del sacerdocio: por el sumo sacerdote mismo.

El siguiente día, a las tres de la tarde, Cristo colgaba entre el cielo y la tierra. Exhalando su último aliento, exclamó: "Consumado es". Esas palabras fueron las mismas palabras usadas por el sumo sacerdote en la Pascua ¡cuando se ofrecía el cordero final! Cristo fue la ofrenda final. En ese momento la tierra tembló y el grueso velo del templo se rasgo de arriba abajo. En ese momento Dios abrió su puerta a un nuevo orden sacerdotal según el orden de Melquisedec (Hebreos 6:20), el primer sacerdote, ¡quien se encontró con Abraham cerca del lugar donde Cristo estaba siendo crucificado!

Ningún sacerdote judío había sido rey y sacerdote. Esos eran dos oficios separados y realizados por dos individuos diferentes. Sólo Melquisedec era el rey de Jerusalén y sacerdote del Dios Altísimo. Por eso Dios escogió a Cristo como un nuevo orden sacerdotal según el de Melquisedec. Cristo ha sido el Sumo Sacerdote en el cielo por casi dos mil años, y durante su reinado de mil años en la tierra será el Rey de Reyes (Apocalipsis 19:16).

El templo celestial

Si Cristo es el Sumo Sacerdote y ya no hay un templo físico en la ciudad de Jerusalén, ¿entonces a qué templo dirige Jesús su ministerio sacerdotal? Pablo escribió que Cristo entró en el templo en el cielo por su propia sangre y ahora se sienta a la diestra de Dios, viviendo siempre para interceder por nosotros (Hebreos 7:21–25). En el Día de Expiación anual, el sumo sacerdote ministraba desde la mañana hasta el atardecer, estando continuamente en pie. Sólo cuando Dios declaraba que los pecados de Israel habían sido remitidos, el sumo sacerdote, ya avanzada la tarde, podía sentarse y descansar.

Cuando Esteban estaba siendo apedreado, vio una visión y dijo: "He aquí, veo los cielos abiertos, y al Hijo del Hombre que está a la diestra de Dios" (Hechos 7:56). Sin embargo, Pablo declaró que Cristo está *sentado* a la diestra del trono (Hebreos12:2). Un hombre vio a Cristo en pie y otro dijo que está sentado. Yo creo que la razón por la que Esteban vio a Cristo en pie es que cuando el sumo sacerdote de la antigüedad hacía intercesión por los pecados, se ponía en pie en la presencia de Dios. Esteban estaba orando y pidiéndole al Señor que perdonara a quienes le estaban apedreando:

> Y puesto de rodillas, clamó a gran voz: Señor, no les tomes en cuenta este pecado. Y habiendo dicho esto, durmió.
>
> —Hechos 7:60

Jesús estaba en pie como Sumo Sacerdote en el templo en el cielo, haciendo intercesión porque Esteban no quería que quienes lo estaban matando fueran acusados de su muerte. Esteban perdonó a sus enemigos. Cristo, el Sumo Sacerdote, se puso en pie en el templo del cielo para perdonar a los enemigos de Esteban, y también creo que para recibir el espíritu de Esteban. Esta oración de petición de perdón fue tan poderosa que un hombre que dirigía la ejecución de Esteban, Saulo de Tarso, más adelante se convertiría a Cristo y llegaría a ser el apóstol Pablo (Hechos 7:58; 13:9). Pablo fue quien enseñó que Cristo estaba sentado, indicando que la obra de expiación estaba completa.

El sacerdocio del creyente

Esto nos lleva al sacerdocio del creyente, un concepto que únicamente ha sido entendido en tiempos contemporáneos. La Iglesia tradicional cristiana ha puesto todas las responsabilidades espirituales del ministerio de la iglesia únicamente sobre el ministerio quíntuple (Efesios 4:11), especialmente el de pastor local. Mi padre pastoreó tres diferentes congregaciones cuando yo tenía entre tres y dieciocho años de edad. Las personas eran creyentes excepcionales. Sin embargo, la mayoría tenía la mentalidad de que el pastor desempeñase el rol de predicador, maestro, evangelista, portero, director de coro, consejero, intercesor, saludador y el que ayudaba en el estacionamiento. Muchas veces la actitud parecía ser: "Dejen que el predicador haga todo, porque ¿acaso no le pagamos para que haga todo eso?". Esta estrecha forma de pensar era una falta de entendimiento del completo plan de ministerio que Dios tiene para su pueblo.

En el primer siglo, las personas tenían las iglesias en sus casas y los diáconos estaban para hacer labores de negocios para que los ministros pudieran concentrarse en orar y estudiar (Hechos 6:3–4). En realidad, cada creyente era un testigo de Cristo y cada creyente podía participar en alguna forma de ministerio. Algunos creyentes proveían lugares de descanso a los ministros que viajaban, otros proveían comidas, y otros, como Dorcas, que hacía ropa para las viudas de su ciudad (Hechos 9:36–39). Pablo hizo referencia a los fieles creyentes que amaban el ministerio y trabajaban para el reino de Dios como "santos". Desde Hechos 9:13 hasta Apocalipsis 20:9, la palabra *santo* se menciona sesenta veces. Todas estas referencias usan la misma palabra griega, *hagios,* que significa moralmente puro, consagrado y sin mancha.[1]

Eliminación del sacerdocio del creyente

Después de los primeros siglos en la Iglesia cristiana, algunas tradiciones y opiniones de los padres de la iglesia, los obispos de la iglesia y los líderes espirituales comenzaron a reducir la participación de gente común en la iglesia local. Finalmente, hombres y mujeres asistían sólo a un servicio semanal, daban su apoyo financiero, confesaban sus pecados, oraban y seguían una rutina litúrgica. La mayoría de las actividades ministeriales quedaron bajo el control de ministros entrenados, quienes eventualmente sintieron que cualquier persona sin el apropiado entrenamiento teológico o experiencia de un seminario ministerial, no tenía derecho o autoridad para participar en el ministerio. Esta creencia también tuvo influencia en la tradición de la Comunión de casa en casa. Finalmente, en el año 325, el consejo de Nicea estableció lo siguiente con respecto a la Pascua: "Pareció algo indigno que para esta celebración de la fiesta más santa siguiéramos la práctica de los judíos".[2] Desde ese momento, las raíces hebreo-judías de la fe cristiana comenzaron a ser desarraigadas, y un sistema más grecoromano reemplazó el fundamento original de nuestra fe.

Finalmente la palabra *santo* se convirtió en un término exclusivo reservado para un grupo selecto de individuos. La Iglesia romana desarrolló una lista de cualificaciones para identificar a un verdadero santo. Sin embargo, en el Nuevo Testamento, un santo era una persona santa que había consagrado su vida a Dios y participaba activamente en la oración, la enseñanza y el caminar en la verdad de la palabra de Dios. En varias de las cartas de Pablo a otros creyentes, él menciona: "los santos les saludan" (Romanos 16:15; 2 Corintios 13:13; Filipenses 4:22; Hebreos 13:24). Los verdaderos creyentes que eran fieles a Cristo y caminaban en el nuevo pacto eran considerados santos en la Iglesia del primer siglo.

¿Quiénes son los sacerdotes?

Si el primer dilema fue quiénes son los santos, entonces el segundo fue: ¿quiénes son los sacerdotes? Existen diversas religiones en el mundo que tienen sacerdotes y que han desarrollado una forma de sacerdocio. La religión budista tiene sacerdotes, u hombres que se han comprometido a vivir en sus templos y concentrarse en las oraciones y el estudio de su religión. En la iglesia católico-romana hay una orden de sacerdotes, obispos y cardenales. Siguiendo un orden establecido, un hombre puede subir de un nivel a otro. En las iglesias tradicionales protestantes, la mayoría de los líderes reconocen tres de los cinco ministerios en la iglesia: pastor, maestro y evangelista.

Ciertamente, Dios llama a individuos al ministerio y ha seleccionado a algunos en el Cuerpo de Cristo como ministros de Dios, predicando, enseñando e instruyendo. Sin embargo, lea el pasaje en el libro de Apocalipsis:

> Y de Jesucristo el testigo fiel, el primogénito de los muertos, y el soberano de los reyes de la tierra. Al que nos amó, y nos lavó de nuestros pecados con su sangre, y nos hizo reyes y sacerdotes para Dios, su Padre; a él sea gloria e imperio por los siglos de los siglos. Amén.
>
> —Apocalipsis 1:5–6

Al leer otra traducción del versículo 6, nótese el énfasis:

> Al que ha hecho de nosotros un reino, sacerdotes al servicio de Dios su Padre, ¡a él sea la gloria y el poder por los siglos de los siglos! Amén.
>
> —NVI

En la visión apocalíptica de Juan, él describió que Cristo llevaba vestiduras blancas y un cinto de oro, y estaba en pie en medio de la menorah de oro (Apocalipsis 1:12–16). ¡Esta es la descripción de un sumo sacerdote que cambió sus ocho vestidos de gloria por aquellas vestiduras de lino blanco cuando entró en el lugar santísimo en el Día de Expiación! ¡Juan estaba viendo a Cristo como el Sumo Sacerdote celestial en pie en el templo del cielo!

Aquí es cuando Juan revela (como dice el texto griego): "Nos ha hecho un reino de sacerdotes", no sólo "reyes y sacerdotes", sino un reino de sacerdotes. Formar un reino de sacerdotes era el plan original de Dios para Israel cuando salieron de Egipto. El Todopoderoso dijo:

> Y vosotros me seréis un reino de sacerdotes, y gente santa. Estas son las palabras que dirás a los hijos de Israel.
>
> —Éxodo 19:6

Dios quería que cada hebreo fuera un adorador y disfrutara de su presencia. Sin embargo, ellos cayeron al adorar un becerro de oro y después al cometer los mismos pecados de las naciones paganas que permanecían en la Tierra Prometida. Durante los fracasos de Israel, los levitas continuaron sus rituales religiosos, pero a causa de los pecados nacionales de Israel, algunas ocasiones Dios dijo que no recibía sus ofrendas y sacrificios (ver los libros de Hageo y Malaquías).

Después de que Jesús ascendiera al cielo como el nuevo sacerdote celestial y sellara sus promesas del nuevo pacto con su sangre, Él también inició un sacerdocio terrenal, ¡o un nuevo reinado de sacerdotes! Cada creyente es un sacerdote individual, y la Iglesia es el reino de sacerdotes que esta siendo supervisado por el Sumo Sacerdote, Jesucristo, ¡desde el templo celestial! Esto es lo que Pedro quiso decir cuando escribió:

> Mas vosotros sois linaje escogido, real sacerdocio, nación santa, pueblo adquirido por Dios, para que anunciéis las virtudes de aquel que os llamó de las tinieblas a su luz admirable;
>
> —1 Pedro 2:9

Melquisedec fue el único rey y sacerdote en la historia del Antiguo Testamento. Jesús siguió el patrón y se convirtió en rey y sacerdote según el orden de Melquisedec. La Escritura dice que somos real sacerdocio; los reyes y sacerdotes ministran, pero los reyes gobiernan. Hoy día nosotros ofrecemos sacrificios de alabanza y ofrendas económicas, pero en el futuro reinaremos y gobernaremos con Él por mil años. Somos llamados un reino de sacerdotes y una nación santa. La Iglesia ha llevado a cabo el plan original de Dios para el antiguo Israel. Cada creyente es un ministro para el Señor.

Hay algunos que enseñan que la Comunión nunca debe de ser administrada por un laico o un cristiano común, sino *sólo* por un ministro ordenado, un sacerdote o alguien que ha sido formado para servir en el ministerio. Sin embargo, si ahora somos sacerdotes para el Señor, entonces se nos ha dado la autoridad espiritual del sacerdocio por medio del nuevo pacto para recibir el pan y el cuerpo de Cristo. Son las tradiciones de los hombres y de la Iglesia lo que ha impedido que los miembros de la iglesia se conviertan en sacerdotes para Dios.

El poder del sacerdocio personal

Como sacerdote personal, podemos acercarnos confiadamente al templo celestial con nuestras peticiones. Si pecamos, ya no vamos a un hombre mortal y confesamos nuestros pecados: La Biblia dice: "Y si alguno hubiere pecado, abogado tenemos para con el Padre", y "si confesamos nuestros pecados, él es fiel y justo para perdonar nuestros pecados, y limpiarnos de toda maldad" (1 Juan 2:1; 1:9).

Bajo el viejo orden, un sacerdote quemaba incienso representando nuestras oraciones dirigidas a Dios (Salmos 141:2). En el sacerdocio del nuevo orden, cada creyente puede ofrecer oraciones de súplica, acciones de gracias y peticiones personales a Dios (Fil. 4:6). Bajo el pacto antiguo, los levitas recibían el diezmo y lo presentaban a Dios, pero la Biblia dice que ahora, cuando damos nuestras ofrendas, Cristo las recibe en el cielo (Hebreos 7:8).

Mi bisabuelo, Pete Bava, fue un católico que llegó a Estados Unidos desde Italia. Hablaba con un fuerte acento italiano, y usaba un traje negro, camisa blanca, corbata negra y un sombrero negro para ir a la iglesia. En sus días de juventud en Italia él estaba familiarizado con el sacerdocio local y el funcionamiento de la iglesia. Años después de haber inmigrado a Estados Unidos contrajo una enfermedad mortal que lo dejó paralizado. Los doctores lo dejaron a su suerte para que muriera. Sus dos hijos, John y Joe, se habían encontrado a dos ministros del evangelio completo que tenían reuniones de avivamiento en la comunidad. Los ministros creían y enseñaban un mensaje de sanidad a través de la fe en Cristo. Los dos hijos de Pete invitaron a los predicadores a que hablaran a su padre acerca de la sanidad. Pete desconfiaba y era escéptico, pero en su estado moribundo no tenía nada que perder. Uno de los ministros le preguntó: "Si oramos por usted, señor Bava, y usted sana, ¿le servirá al Señor?". En un inglés muy escueto, Pete contestó: "Si ustedes oran y Dios me sana, yo le serviré".

Su hijo John, quien tiempo después se convirtió en mi abuelo, me contó que mientras los dos ministros oraban, la cama de Pete empezó a sacudirse y el poder del Señor cayó sobre él. De repente, Pete saltó de la cama y comenzó a gritar: "¡Estoy sano, estoy sano!". Pete vivió otros sesenta años y murió a la edad de noventa y cinco en una residencia, y todavía sonreía cuando escuchaba a alguien hablar acerca de Jesús.

La importancia del liderazgo espiritual

Así como Dios estableció un orden divino de un sumo sacerdote, levitas (sacerdotes) e israelitas, igualmente Cristo ha establecido un orden de autoridad espiritual en el Cuerpo de Cristo. La mayoría de las denominaciones protestantes ofrecen una ordenación a sus ministros licenciados si, después de un periodo de tiempo, ellos siguen ciertas estipulaciones denominacionales, requisitos educacionales y pautas bíblicas. Por ejemplo, yo soy un obispo ordenado en una denominación grande. La denominación da al obispo la oportunidad de ser elegido por otros obispos a un mayor nivel y posición dentro la denominación. Parte de las obligaciones de un obispo incluyen: bautizar a los convertidos, unir parejas en santo en matrimonio, y dar los sacramentos (Comunión) a los creyentes en la iglesia. En una iglesia local, el pastor o un obispo ordenado debería, sin duda, dirigir el orden del servicio y la administración de la Comunión. Pablo escribió a Timoteo acerca de los requisitos de un obispo:

> Palabra fiel: Si alguno anhela obispado, buena obra desea. Pero es necesario que el obispo sea irreprensible, marido de una sola mujer, sobrio, prudente, decoroso, hospedador, apto para enseñar; no dado al vino, no pendenciero, no codicioso de ganancias deshonestas, sino amable, apacible, no avaro; que gobierne bien su casa, que tenga a sus hijos en sujeción con toda honestidad (pues el que no sabe gobernar su propia casa, ¿cómo cuidará de la iglesia de Dios?); no un neófito, no sea que envaneciéndose caiga en la condenación del diablo. También es necesario que tenga buen testimonio de los de afuera, para que no caiga en descrédito y en lazo del diablo.
>
> —1 Timoteo 3:1–7

En las instrucciones de Pablo, él enumeró el carácter moral para los candidatos a obispo, pero nunca enumeró las responsabilidades ministeriales específicas de un obispo. Todos sabemos que un ministro ordenado puede bautizar a un creyente en agua; sin embargo, Pablo escribió a la iglesia en Corinto que Dios no lo mandó a bautizar sino a predicar el evangelio (1 Corintios 1:17). No existe referencia bíblica de que Pablo oficiara una boda en la Iglesia primitiva. Sin embargo, sabemos que habló de la Cena del Señor a la iglesia en Corinto (1 Corintios 11:20–30). Mi punto es que, aunque un obispo es honrado al dar el Sacramento en la Cena del Señor, el apóstol Pablo no lo enumera como una de las tareas de un obispo. Yo creo que es porque el sacerdocio del creyente era entendido por los creyentes judíos dentro de la iglesia local, y los creyentes iban de casa en casa participando de la Comunión.

Su cuerpo es el templo

Cristo anunció que la destrucción del templo se acercaba. Años antes de la destrucción del templo judío por la Décima Legión Romana, Pablo escribió las siguientes palabras:

> ¿No sabéis que sois templo de Dios, y que el Espíritu de Dios mora en vosotros?
>
> —1 Corintios 3:16

Desde tiempos de Moisés, la gloria de Dios había estado vinculada con el tabernáculo de Moisés y los primeros dos templos de Jerusalén. El templo era el lugar de reunión para las cinco ofrendas más importantes mencionadas en la Torá, para la celebración de las fiestas, y para las ofrendas de la nueva luna y del día de reposo. Cristo sabía que, en el momento de su resurrección, las rutinas y rituales diarios del templo, que se habían practicado durante mil quinientos años desde tiempos de Moisés, ahora eran un reflejo, un tipo y una sombra de lo que había venido: Jesús, el mediador del nuevo pacto. En unos años, los grandes sillares que rodeaban Jerusalén serían atravesados por arietes romanos. Las puertas de madera serían abiertas al ejército romano, y el precioso templo blanco quedaría chamuscado con el humo de la madera quemándose. El templo ya no existiría.

Sin embargo, el templo seguía existiendo, pero en otra forma. Era un templo movible, como una tienda portátil que podía ir de ciudad en ciudad, de pueblo en pueblo y de comunidad en comunidad. El cuerpo físico del creyente ahora era el templo del Espíritu Santo. El templo tenía tres áreas, y el cuerpo humano es un ser tripartito.

El Templo en Jerusalén	El cuerpo humano
El atrio exterior	El cuerpo (1 Tesalonicenses 5:23)
El lugar santo	El alma (1 Tesalonicenses 5:23)
El lugar santísimo	El espíritu (1 Tesalonicenses 5:23)

REPARAR LA CASA DE DIOS

Tanto el tabernáculo como el templo necesitaban reparación ocasionalmente. El clima en Jerusalén fluctúa todo el año, y estas condiciones adversas del clima causaban estragos en la madera, haciendo que se expandiera y se contrajera y finalmente se rompiera. Por esta razón, la madera del templo ocasionalmente necesitaba ser sustituida o que se arreglaran las grietas. Parte de la actividad sacerdotal era mantener el templo en óptimas condiciones. Por ejemplo:

- Los sacerdotes debían examinar la madera que era utilizada en el altar.
- Cada mañana un sacerdote limpiaba las cenizas del altar de los sacrificios de días anteriores pasados.
- Después de una fiesta importante, el sacerdote lavaba el piso del templo con agua para quitar la sangre.
- El altar tenía que ser blanqueado antes de las fiestas para cubrir la sangre de los sacrificios previos.
- El sacerdote tenía que lavarse continuamente antes de presentar ciertas ofrendas delante del Señor.
- La sangre de los animales se juntaba en una vasija de plata y se llevaba al altar para ser derramada.
- Las llamas tenían que arder continuamente en el altar y nunca debían apagarse.

No sólo era la estructura física la que necesitaba atención, sino que también había que vigilar constantemente el interior de la casa para ver si necesitaba alguna reparación. Cuando una pared necesitaba repararse en el lugar santísimo, metían al sacerdote en una caja con una abertura que miraba a la pared del lugar santo, y lo bajaban con sogas para arreglar el problema. No se le permitía mirar alrededor de la cámara sagrada por miedo a morir.[3]

El gran velo que colgaba entre el lugar santo y el santísimo estaba hecho de un grosor de un palmo de ancho, y consistía en setenta y dos cuadros cosidos uno al otro. Está escrito que, en una ocasión, una manada de bueyes intentó tirar de él y romperlo, pero sin éxito alguno. Este velo estaba cosido por jóvenes vírgenes que tenían un salón especial en el templo sólo para esta actividad.[4]

Cada año en Yom Kippur (el día de Expiación), el sumo sacerdote rociaba sangre sobre este velo. Cada dos años había que reemplazar el velo porque, con el tiempo, se combaba por el medio.

Uno de los reyes de Israel entendió el principio de mantener la casa de Dios en un buen funcionamiento. Se llamaba Ezequías, y su historia es interesante. El rey era un líder piadoso y amado por su pueblo. De repente, fue atacado con un mal (probablemente cáncer) que le causó una enfermedad mortal, según 2 Reyes 20:1. El profeta Isaías le dijo al rey que pusiera su casa en orden, porque moriría y no viviría. Cuando el profeta partió, Ezequías volvió la cara hacia la pared clamando a Dios por misericordia y extensión de su vida (v. 3). Antes de que Isaías saliera del patio, Dios escuchó la oración del rey Ezequías y le dijo al profeta que regresara y anunciara: "Yo he oído tu oración, y añadiré a tus días quince años" (ver 2 Reyes 20:5–6).

Ezequías pudo haber muerto, pero recibió una nueva oportunidad de vida por medio de la oración. Sin embargo, notemos que el profeta le indicó al rey que tomara una masa de higos y se la pusiera en la llaga (v. 7). La mezcla de la oración y el remedio casero trajo sanidad al rey.

REPARAR EL TEMPLO

El Señor le dijo a Isaías que el rey iba a morir, pero, sin embargo, Dios cambió de idea. ¿Por qué? Yo creo que fue la importancia que le daba Ezequías al templo de Dios lo que le trajo el favor de Dios en ese momento de crisis. Ezequías tenía 25 años cuando comenzó su reinado en Jerusalén. Durante su primer año, el rey se dio cuenta de que los sacerdotes habían dejado que el templo se deteriorara. Las puertas del porche del templo se habían cerrado, la menorah ya no estaba encendida, y los sacerdotes no estaban quemando incienso. Ezequías inmediatamente comenzó a reestablecer el procedimiento correcto para el cuidado de la casa de Dios:

> En el primer año de su reinado, en el mes primero, abrió las puertas de la casa de Jehová, y las reparó.
>
> —2 CRÓNICAS 29:3

Ezequías ordenó a los sacerdotes que sacaran la inmundicia del lugar santo (v. 5). Se nos dice que los sacerdotes fueron al lugar más oculto de la casa de Dios a quitar la basura que se había acumulado.

> Y entrando los sacerdotes dentro de la casa de Jehová para limpiarla, sacaron toda la inmundicia que hallaron en el templo de Jehová, al atrio de la casa de Jehová; y de allí los levitas la llevaron fuera al torrente de Cedrón.
>
> —2 Crónicas 29:16

La basura que había en el templo fue sacada y llevada al torrente de Cedrón. Ese pequeño riachuelo comenzaba cerca del monte del templo y se abría paso a través de las ásperas colinas judías, desembocando finalmente en el Mar Muerto. Más adelante, cuando el rey Ezequías había enfermado de muerte, él volvió su cara hacia la pared y oró. Literalmente, volvió su cara en dirección al templo y oró de cara al lugar santísimo. Esa era la dirección en la que Salomón enseñó a los judíos a orar cuando estuvieran en problemas. Yo creo que debido a que Ezequías demostró la importancia que le daba al templo de Dios, entonces Dios demostró su interés por el templo físico de Ezequías.

Reparar Su templo

Las personas permiten que algunas cosas entren en sus cuerpos que se sabe que causan enfermedades. Fumar sigue causando varios tipos de cáncer, el alcohol sigue destruyendo las células cerebrales, las drogas ilegales deterioran poco a poco las células del cerebro y algunos órganos del cuerpo. Solamente la edad requiere que pasemos más tiempo en el cuidado de nuestro templo físico.

Algunas veces, lo que debilita nuestros cuerpos puede que no sea lo que comemos, sino lo que nos come. Los investigadores médicos dicen que, cuando una persona se enoja, se produce un efecto negativo en el cuerpo humano que puede inhabilitar el sistema inmunológico por seis horas. Una persona que esté continuamente enojada puede inhabilitar el sistema de defensa natural de su cuerpo por horas o por días. Los hospitales están llenos de hombres y mujeres que han utilizado la boca para devorar a otras personas que les han ofendido. Ahora, sufren de una enfermedad en sus cuerpos y están intentando curar un problema con medicina, que puede que sólo se quite con la cirugía del perdón, la oración y la confesión.

Recuerde que se requiere la confesión de nuestras faltas y pecados antes de recibir la bendita Comunión. También, el alimento que sana no debería convertirse en un simple ritual o en otra fórmula religiosa; y, sin duda, nunca debería considerarse como un tipo de formula mágica para la sanidad.

Para reflexionar

1. Este capítulo describe el simbolismo que hay detrás de las religiones judías y los requisitos para la transferencia del sacerdocio de un sumo sacerdote al hijo de ese hombre y el bautismo de Jesús en el río Jordán. Describa cada aspecto de este simbolismo en las siguientes líneas:

   a. El hijo del sumo sacerdote era sumergido en agua para purificación.

   ____

   ____

   b. Aceite santo se derramaba sobre la cabeza del hijo del sumo sacerdote.

   ____

   ____

   c. El sumo sacerdote declaraba públicamente que ese era su hijo.

   ____

   ____

2. ¿Cuál es el simbolismo en el ejemplo de Caifás en el Nuevo Testamento, cuando rasga su vestimenta al estar Jesús frente a él un día antes de su crucifixión?

   ____

   ____

3. ¿Cuál es el simbolismo en las palabras finales de Jesús al decir: "Consumado es"?

   ____

   ____

4. Este capítulo nos ilumina en cuanto al hecho de que con el acontecimiento de la crucifixión de Cristo, nuestro cordero sacrificial, y el rompimiento del velo del templo de arriba abajo, Dios instituyó un nuevo sacerdocio: el sacerdocio del creyente. Sin embargo, en la actualidad muchas iglesias tradicionales enseñan que solamente un ________________ o un ________________ pueden administrar la Comunión.

   Como "real sacerdocio" (1 Pedro 2:9), se nos ha dado autoridad para recibir el pan y cuerpo de Cristo. ¿Qué es lo que refrena a muchos de hacerlo?

   La ________________________ de ______________________.

5. Este capítulo también comparó nuestro cuerpo humano, que es "el templo de Dios", con el templo en Jerusalén, y destaca la necesidad de asegurarnos de que nuestros cuerpos estén en buen estado como templo de Dios. Hemos aprendido cosas que pueden dañar nuestros cuerpos, entonces ¿De qué manera necesita usted ser más diligente para mantener su cuerpo —el templo de Dios— en mejor *estado*? ¿De qué forma lo hará usted?

   ____

   ____

Capítulo 7

El mayor obstáculo para recibir sanidad

> Porque si perdonáis a los hombres sus ofensas, os perdonará también a vosotros vuestro Padre celestial; mas si no perdonáis a los hombres sus ofensas, tampoco vuestro Padre os perdonará vuestras ofensas.
>
> —Mateo 6:14–15

¿HA ORADO ALGUNA VEZ y ha sentido que el techo de la iglesia era una placa de bronce? ¿Ha sentido que su alabanza era como si estuviera hablando en un túnel profundo? ¿O ha orado por una necesidad específica y ha sentido que sus palabras se perdían en el espacio sideral? Bíblicamente, las oraciones pueden ser obstaculizadas (1 Pedro 3:7), demoradas (Daniel 10:11–13) y, bajo algunas condiciones, no escuchadas por el Señor (Marcos 11:25). Si las oraciones pueden ser obstaculizadas, entonces también puede serlo la manifestación de su sanidad.

La comunicación con Dios (la oración) es el cordón umbilical verbal que nos conecta a Dios. Bajo el viejo pacto, la circuncisión del hombre sellaba el pacto entre Dios y la simiente de Abraham. Los altares eran lugares de sacrificio donde la promesas del pacto de Dios y las bendiciones futuras del hombre eran selladas con la sangre de animales (Génesis 15:1–18). La obediencia a la Palabra de Dios era la llave que abría las bendiciones prometidas por el Señor. Dios le dijo a Israel:

> Ahora, pues, si diereis oído a mi voz, y guardareis mi pacto, vosotros seréis mi especial tesoro sobre todos los pueblos; porque mía es toda la tierra.
>
> —Éxodo 19:5

Si Israel obedecía los mandamientos de Dios, Él les prosperaba abundantemente y les bendecía; pero si desobedecían, Dios permitía que problemas, desastres y angustia vinieran sobre la nación (Deuteronomio 28). Israel podía recibir el favor de Dios u obstaculizarlo por medio de sus palabras y sus actos.

El nuevo pacto fue cortado con la humanidad en la crucifixión de Cristo, pero fue sellado en su resurrección (Hebreos 12:24). La circuncisión del prepucio del hombre (Génesis 17:11) fue reemplazada por la circuncisión espiritual del corazón (Romanos 2:29). El nuevo pacto también requiere que se cumplan condiciones a fin de que la bendición del pacto sea liberada. Jesús dijo:

> Si permanecéis en mí, y mis palabras permanecen en vosotros, pedid todo lo que queréis, y os será hecho.
>
> —Juan 15:7

La palabra griega para *permanecer* significa "quedarse en un lugar dado, seguir en relación con".[1] Todas las bendiciones del nuevo pacto están basadas en una relación activa con Cristo, no en un conocimiento mental de Dios o en un conocimiento intelectual de algunos conceptos espirituales, sino en una obra interna del Espíritu Santo que se produce a través de la confesión de Cristo como Salvador y Señor personal. Algunas personas reciben a Jesús como Salvador porque quieren un seguro contra incendios (librarse del infierno), pero un verdadero creyente del pacto también aceptará el señorío de Cristo, significando que Él es el maestro —el jefe, si lo prefiere— y usted es su obediente siervo.

Permanecer y ser obedientes son las fortalezas gemelas del pacto. Si usted obedece, permanecerá; y si está permaneciendo, está obedeciendo. Además, el mayor mandamiento dado a los seguidores del nuevo pacto es muy sencillo, pero a veces difícil de mantener. Es el mandamiento de caminar continuamente en amor. Es fácil amar a Dios, pero a veces es difícil amar a la gente. Sin embargo, Jesús enseñó que este es el mayor mandamiento:

> Un mandamiento nuevo os doy: Que os améis unos a otros; como yo os he amado, que también os améis unos a otros. En esto conocerán todos que sois mis discípulos, si tuviereis amor los unos con los otros.
>
> —Juan 13:34–35

En la Biblia hay cinco palabras griegas diferentes para la palabra *amor* Cada una describe una expresión única de amor, y cada una tiene un significado distinto.

Palabra griega	Significado
Agape	Amar en sentido social o moral (Juan 15:10)
Phileo	Amar como amigo, tener afecto y sentimientos (Juan 21:15)
Philadelphia	Amar fraternalmente con afecto (Romanos 12:10)
Philandros	Amor de un hombre hacia su esposa (Tito 2:4)
Philoteknos	Amor por los hijos propios (Tito 2:4)

Cuando nuestro amor cesa por nuestros hermanos y hermanas en Cristo, se abre una puerta para que el adversario obre y se cierra la puerta para que Dios bendiga. El mayor obstáculo en el Cuerpo de Cristo para caminar en amor es un espíritu de contienda, amargura y falta de perdón.

El mayor obstáculo

Cuando Jesús sanaba a los enfermos, con frecuencia asociaba el perdón con la sanidad. Cuando un paralítico fue sanado en el estanque de Betesda, Cristo le mandó que se fuera y no pecara más, porque algo peor le podría venir (Juan 5:14). Aquí, el perdón, la libertad del pecado, y la sanidad están ligados. La siguiente es otra ocasión en que Cristo asoció el perdón y la sanidad:

> Y sucedió que le trajeron un paralítico, tendido sobre una cama; y al ver Jesús la fe de ellos, dijo al paralítico: Ten ánimo, hijo; tus pecados te son perdonados. Entonces algunos de los escribas decían dentro de sí: Este blasfema. Y conociendo Jesús los pensamientos de ellos, dijo: ¿Por qué pensáis mal en vuestros corazones? Porque, ¿qué es más fácil, decir: Los pecados te son perdonados, o decir: Levántate y anda? Pues para que sepáis que el Hijo del Hombre tiene potestad en la tierra para perdonar

> pecados (dice entonces al paralítico): Levántate, toma tu cama, y vete a tu casa. Entonces él se levantó y se fue a su casa.
>
> —Mateo 9:2–7

Santiago, al dirigir su carta a creyentes, dijo:

> ¿Está alguno enfermo entre vosotros? Llame a los ancianos de la iglesia, y oren por él, ungiéndole con aceite en el nombre del Señor. Y la oración de fe salvará al enfermo, y el Señor lo levantará; y si hubiere cometido pecados, le serán perdonados.
>
> —Santiago 5:14–15

Santiago enseñó a los creyentes que confesaran sus pecados para que pudieran recibir sanidad. La palabra griega para *pecados* alude a "deslizarse, resbalar, o una transgresión no deliberada". Confesar y pedir perdón es el único método establecido para liberar a una persona del pecado. El peligro es que la falta de perdón no es sólo un pecado contra una persona, sino también una transgresión contra Dios. Si los creyentes persisten en albergar un espíritu de falta de perdón en sus corazones, la Escritura menciona fuertes repercusiones que les seguirán. Entender esto revela que la falta de perdón es el mayor obstáculo para recibir sanidad.

El siervo que no perdonó

Jesús relató una parábola de un rey que tenía un siervo que le debía una cantidad de dinero comparable a unos cincuenta y dos millones de dólares. Este siervo se presentó ante el rey y le suplicó que le perdonara la deuda. El rey, movido a compasión, respondió a su petición y lo liberó de su pesada deuda.

Este sirviente salió de la presencia del rey y se encontró con otro sirviente que le debía a él una cantidad de unos cincuenta y dos dólares. El siervo que había sido perdonado, tomándolo del brazo, le exigía que le pagara lo que le debía. Cuando el rey se enteró del trato inhumano que le dio el sirviente perdonado al otro, mandó a sus soldados arrestarlo y meterlo en prisión.

> Entonces su señor, enojado, le entregó a los verdugos, hasta que pagase todo lo que le debía.
>
> —Mateo 18:34

La versión Reina Valera dice que le entregó a los "verdugos". En tiempos antiguos, un verdugo era un guardia que golpeaba al prisionero hasta que diera información o se sometiera a la voluntad del rey. Imagine a este hombre siendo encadenado en la prisión y golpeado hasta que pagara su enorme deuda. Qué precio tan grande a pagar por no perdonar. Sin embargo, la siguiente afirmación que hizo Jesús es aún más sorprendente:

> Así también mi Padre celestial hará con vosotros si no perdonáis de todo corazón cada uno a su hermano sus ofensas.
>
> —Mateo 18:35

¿Qué significa exactamente cuando Jesús dijo que un siervo que no perdona sería entregado a los verdugos? La carta el apóstol Pablo a Timoteo puede ayudarnos a entender la advertencia que Cristo nos hizo. Timoteo era pastor, y tenía a algunos ancianos que le estaban causando problemas porque él era un pastor joven. Pablo escribió:

> Que con mansedumbre corrija a los que se oponen, por si quizá Dios les conceda que se arrepientan para conocer la verdad, y escapen del lazo del diablo, en que están cautivos a voluntad de él.
>
> —2 Timoteo 2:25–26

Las contiendas y la confusión son un buen terreno de cultivo que produce sentimientos negativos hacia otros. Esos sentimientos pueden llevar a formar raíces de amargura que, cuando maduran, producen el fruto de la falta de perdón. Permanecer en falta de perdón puede darle a Satanás y a sus aliados una puerta abierta para tomar cautivo al siervo que no perdona. En este pasaje, la palabra griega para *cautivo* significa "prisionero de guerra, o atrapado".[2]

Un ejemplo de cómo un espíritu equivocado puede abrir la puerta a un espíritu atormentador está en la vida del rey Saúl. En la antigua Israel, Saúl fue nombrado y ungido como rey; pero a causa del orgullo y la desobediencia, el Espíritu de Dios se apartó de él y Dios levantó a David para sustituirlo. Después de que David matase a Goliat, se le permitió casarse con la hija de Saúl y vivir en el palacio. Un espíritu de celos vino sobre Saúl, y comenzó a atacar físicamente a David e intentó matarlo con una lanza. La Biblia dice:

> El Espíritu de Jehová se apartó de Saúl, y le atormentaba un espíritu malo de parte de Jehová.
>
> —1 Samuel 16:14

Este espíritu malo se menciona en tres pasajes (1 Samuel 16:14; 18:10; 19:9). Cuando vino sobre Saúl, este intentó matar a su oponente: David. La amargura en el corazón de Saúl le abrió una puerta al enemigo de la misma manera que un espíritu de falta de perdón se la abre al adversario.

Jesús hizo una fuerte declaración relacionada con la falta de perdón cuando dijo:

> Porque si perdonáis a los hombres sus ofensas, os perdonará también a vosotros vuestro Padre celestial; mas si no perdonáis a los hombres sus ofensas, tampoco vuestro Padre os perdonará vuestras ofensas.
>
> —Mateo 6:14–15

La imagen es muy clara. Nuestro propio perdón depende de nuestra voluntad de perdonar a aquellos que nos han ofendido. Cristo llevó nuestros pecados por nosotros y no murió en la cruz hasta que dijo: "Padre, perdónalos porque no saben lo que hacen" (Lucas 23:34). Cristo mismo no murió con falta de perdón en su corazón hacia sus enemigos.

Cuando Esteban estaba siendo apedreado por zelotes religiosos que creían que le estaban haciendo un favor a Dios al eliminar la plaga de líderes cristianos de Jerusalén, Esteban clamó: "No les tomes en cuenta este pecado" (Hechos 7:60). Si Jesús pudo perdonar a aquellos que le estaban crucificando, y Esteban pudo orar por aquellos que le estaban asesinando, cuánto más nosotros podemos perdonar y liberar a la gente que nos ha ofendido y nos ha hecho mal.

Si nosotros resueltamente nos negamos a perdonar, Dios no puede perdonarnos. La advertencia de Cristo implica que si hacemos oraciones sin perdonar, nuestras oraciones se verán obstaculizadas. Yo creo que lo mismo sucede con nuestra guerra espiritual. ¿Cómo puede un creyente resistir al enemigo (Santiago 4:7) e intentar atar los poderes de Satanás (Mateo 18:18) cuando en el corazón guarda rencor contra otros en el Cuerpo de Cristo? Si Dios no escucha nuestra oración, ¡entonces Satanás no está obligado a oír nuestras reprensiones!

Después de treinta años en el ministerio a tiempo completo, creo que el mayor obstáculo para que un creyente reciba sanidad es cuando la falta de perdón bloquea su espíritu.

Cuando usted no perdona, está manteniendo a personas detrás de barras imaginarias en la prisión de su mente. Cristo le liberó de una prisión espiritual y del destino eterno de oscuridad y muerte. Sin embargo, tenemos la tendencia a mantener a los ofensores cautivos, no hablando con las personas, no teniendo compañerismo con ellas y hasta haciendo comentarios negativos en presencia de otros. Esto le disgusta a Dios, y bloquea nuestro camino hacia la sanidad y la salud.

QUITAR EL MACHO CABRÍO DE SU VIDA

En el templo, en el Día de Expiación, cuando se ofrecían los dos machos cabríos, el chivo expiatorio era soltado en el desierto después de que el sumo sacerdote hubiera puesto sus manos sobre él y transferido los pecados de Israel al chivo. La tradición judía dice que el chivo era conducido fuera de Jerusalén y empujado desde una alta cornisa, donde sufría una caída mortal. La razón era que Israel no quería que el chivo viviera y estuviera vagando por el desierto y regresara a la comunidad israelita. Eso indicaría que el pecado había regresado a ellos cuando ya había sido perdonado por Dios. Una vez que los pecados habían sido perdonados, nunca más habían de traerse de nuevo.

Cuando Jesús estuvo en la cruz y oró: "Padre, perdónalos porque no saben lo que hacen", la palabra *perdónalos* que Él utilizó significa "mandar, arrojar, lanzar".[3] En tiempos de Moisés, se refería a mandar al chivo expiatorio lejos de la gente en el Día de Expiación. Cristo realmente estaba pidiendo a Dios que remitiera los pecados de sus enemigos de la misma manera que el sumo sacerdote mandaba al chivo expiatorio al desierto de Judea.

Después de su resurrección, Cristo les pidió a sus discípulos que estuvieran dispuestos a perdonar a otros. Dijo: "A quienes remitiereis los pecados, les son remitidos; y a quienes se los retuviereis, les son retenidos" (Juan 20:23). La palabra griega para *remitir* es la misma palabra que el *perdónalos* que Cristo usó en la cruz. Utilizando la analogía del chivo expiatorio y el Día de Expiación, Cristo estaba diciendo que si usted perdona a una persona, entonces ha quitado el chivo de su presencia y ahora está en la casa de esa persona (le es remitido a ella). Pero si se niega a perdonar, ¡entonces el pecado (el viejo chivo) está en la casa de usted!

Cuando vive sin perdonar a una persona, usted abre una puerta para que precisamente aquello que está usted criticando de esa persona venga sobre usted. David lo expresó de esta manera:

> Escóndeme del consejo secreto de los malignos,
> de la conspiración de los que hacen iniquidad,
> que afilan como espada su lengua;
> lanzan cual saeta suya, palabra amarga,
> para asaetear a escondidas al íntegro;
> de repente lo asaetean, y no temen.
> Obstinados en su inicuo designio,
> tratan de esconder los lazos, y dicen:
> ¿Quién los ha de ver? Inquieren iniquidades,
> hacen una investigación exacta;
> y el íntimo pensamiento de cada uno de ellos,
> así como su corazón, es profundo.
> Mas Dios los herirá con saeta;
> de repente serán sus plagas.
> Sus propias lenguas los harán caer;
> se espantarán todos los que los vean.
>
> —Salmo 64:2–8

Las palabras enojo y amargura son comparadas con una lengua que es como una espada y flechas. Cuando una persona critica a escondidas y sin fundamento a otra persona, Dios dice que hará que ellos se tropiecen con su propia lengua y que serán heridos. Como ejemplo, hace muchos años un famoso evangelista fue expuesto por un pecado moral, y muchos cristianos quedaron entristecidos y heridos; sin embargo, otro ministro habló y dijo que el hermano era un "cáncer en el Cuerpo de Cristo". Dos años después, este hombre fue sorprendido en un pecado similar. Tal vez esto es lo que Jesús quiso decir con sus palabras: "No juzguéis, para que no seáis juzgados. Porque con el juicio con que juzgáis, seréis juzgados, y con la medida con que medís, os será medido" (Mateo 7:1–2).

Cuando juzgamos a una persona por sus problemas, Dios puede permitir que esas flechas de amargura regresen a nosotros y quiten nuestra propia cerca de protección. ¡Parece ser que el Señor permite que experimentemos precisamente las cosas que hemos criticado en otros! Cuando usted critica a una familia cuyo hijo es drogadicto, el cerco protector de su propia familia puede romperse por un hijo que tenga un problema parecido. Una anterior miembro de la iglesia de mi padre hablaba de forma abierta y negativa de una mujer de la iglesia cuya hija quedó embarazada fuera del matrimonio. Meses después, la crítica fue penosa porque las dos hijas de esa mujer, que rara vez asistían a la iglesia, quedaron embarazadas fuera del matrimonio. Lo que había juzgado en otros, vino a ella.

Perdón y libertad De la tentación

El perdón también esta relacionado con la libertad de la tentación. Mateo 24 enumera diferentes señales que ocurrirán antes de la venida de Cristo. Cristo mencionó guerras, rumores de guerras, hambres, pestilencias y terremotos (Mateo 24:3–7). Jesús dijo: "Mas el que persevere hasta el fin, éste será salvo" (v. 13). ¿Estaba hablando sobre permanecer a lo largo de los terribles conflictos y desastres que estaban por llegar? Yo creo que permanecer hasta el final se refiere a algo más que soportar el estrés de los últimos tiempos. Si lee los versículos anteriores a esta declaración, Cristo dijo:

> Muchos tropezarán entonces, y se entregarán unos a otros, y unos a otros se aborrecerán. Y muchos falsos profetas se levantarán, y engañarán a muchos; y por haberse multiplicado la maldad, el amor de muchos se enfriará. Mas el que persevere hasta el fin, éste será salvo.
>
> —Mateo 24:10–13

Jesús reveló que los creyentes experimentarán ofensas antes de su venida. La palabra griega para ofensa es *skandalon*, que significa "poner una trampa, inducir a alguien a hacer lo malo".[4] Cuando una ofensa se difunde, ¡puede crear un escándalo en la iglesia! La gente empieza a murmurar, la imaginación se dispara y cada uno tiene una opinión. Los rumores alimentan otros rumores, y donde hay contiendas hay confusión. Rápidamente las personas ofendidas empiezan a "profetizar" palabras falsas para influenciar a otros y que se solidaricen con su ofensa. Les ha escuchado decir: "el Señor me ha revelado...", como si ellos estuvieran viendo algo que los demás no ven. Pronto las divisiones rompen la iglesia, y dos grupos están ofendidos entre sí. Las ofensas crecen como el cáncer, matando el gozo y la vida de la iglesia. Algunas personas dejan de asistir a la iglesia y prometen nunca volver; no han soportado la ofensa, y perderán la bendición de Dios. Más personas han dejado la iglesia a causa de la ofensa, y mucha gente perderá su sanidad debido a un espíritu ofendido.

Se requiere perdonar antes de poder disfrutar de sanidad espiritual, emocional y física. El perdón también está vinculado a la libertad de la tentación de la persona. Podemos ver esta conexión en el Padrenuestro que Cristo enseñó a sus discípulos a orar:

> Vosotros, pues, oraréis así: Padre nuestro que estás en los cielos, santificado sea tu nombre. Venga tu reino. Hágase tu voluntad, como en el cielo, así también en la tierra. El pan nuestro de cada día, dánoslo hoy. Y perdónanos nuestras deudas, como también nosotros perdonamos a nuestros deudores. Y no nos metas en tentación, mas líbranos del mal; porque tuyo es el reino, y el poder, y la gloria, por todos los siglos. Amén.
>
> —MATEO 6:9–13

En la parábola del sirviente que no perdonó, el sirviente tenía una deuda con el rey que le fue perdonada. Jesús dijo: "Y perdónanos nuestras deudas, *como* también nosotros perdonamos [liberamos]" a nuestros deudores. Nosotros recibimos este perdón *como* perdonamos a otros. Jesús continuó: "*Y* no nos metas en tentación, mas líbranos del mal". Si la falta de perdón puede causar que un verdugo venga contra nosotros, entonces ese verdugo también puede crear tentaciones contra nosotros. Cuando un ministro maldijo a otro ministro que fue sorprendido en un pecado sexual, el acusador sucumbió a su propia tentación, confesando que él había orado, pero que no había sido liberado de su adicción sexual. Yo me permito decirle que él juzgó a otro y ese mismo juicio vino sobre él. Él no perdonó, y fue entregado a un espíritu atormentador. Él no soltó al hermano que había caído, y él mismo cayó en la tentación y no fue librado del maligno.

Debemos permanecer, o mantener nuestro caminar bajo presión, para poder ser victoriosos al final. Para obstaculizar al espíritu atormentador, resistir la tentación y vivir una vida victoriosa, debemos practicar el perdón. Esta es una razón por la cual la Comunión diaria y recibir el cuerpo y la sangre de Cristo es tan poderoso. Cada día examinamos nuestras motivaciones, nuestros corazones y nuestra relación con Dios y con el hombre.

EL PODER DE LA COMUNIÓN PARA LIBERAR

Parte del autoexamen espiritual antes de recibir la Cena del Señor implica nuestra decisión voluntaria de perdonar a otros así como Cristo nos perdonó. Su disposición a derramar su sangre y exponer su cuerpo a golpes atroces por nuestra expiación, es un recordatorio para nosotros de crucificar nuestros deseos carnales y estar dispuestos a tomar nuestra propia cruz y seguir su ejemplo. Él nos liberó de la culpa, y nosotros debemos, en nuestro corazón, liberarnos de las ofensas.

Cuando recibo la Cena del Señor, primero le doy gracias a Dios por la obra redentora de Cristo. Después me examino a mí mismo para ver si hay algún acto de desobediencia que pudiera haber cometido, ya sea en pensamiento, palabra, u obra. Confieso cualquier pecado y pido a Dios su perdón y limpieza. Procedo a buscar en mi corazón para ver si hay alguien por quien yo sienta alguna forma de rencor o sentimiento negativo a causa de una ofensa. Este proceso mantiene mi alma, cuerpo y espíritu limpios delante de Dios y de los hombres.

Este proceso también libera toda condenación que el adversario pudiera poner en su mente. Existe una diferencia entre *convicción* y *condenación*. La Biblia dice que el Espíritu Santo le reprobará cuando usted peque. *Reprobar* significa "traer convicción, amonestar, reprobar fuertemente". Si usted peca, el Espíritu Santo le traerá convicción con una fuerte carga sintiendo que hizo usted algo malo. Eso necesita ser corregido. Una vez que usted confiesa, se arrepiente y recibe perdón, la convicción cesa. Sin embargo, el enemigo siempre intentará traer condenación o acusarle con un veredicto falso. La condenación es un arma muy poderosa. Este sentimiento espiritual puede destruir su confianza en la disposición de Dios de bendecirle. Sin esa confianza su fe se debilita. La Escritura dice:

> Ahora, pues, ninguna condenación hay para los que están en Cristo Jesús, los que no andan conforme a la carne, sino conforme al Espíritu.
>
> —ROMANOS 8:1–2

Dios quiere que seamos libres de la condenación.

> Pues si nuestro corazón nos reprende, mayor que nuestro corazón es Dios, y él sabe todas las cosas. Amados, si nuestro corazón no nos reprende, confianza tenemos en Dios; y cualquiera cosa que pidiéremos la recibiremos de él, porque guardamos sus mandamientos, y hacemos las cosas que son agradables delante de él.
>
> —1 JUAN 3:20–23

La culpa crea condenación, pero la libertad de la condenación produce confianza en nuestras oraciones. Por medio de la autoevaluación de la Comunión, cualquier pecado, culpa, y condenación no permanecerán en nosotros. Cuando entiendo la amonestación: "que el hombre se examine a sí mismo", entonces ese examen puede descubrir áreas donde el enemigo esté tratando de entrar en nuestras vidas. Una vez que yo confieso mis pecados, Él es "fiel y justo para perdonar nuestros pecados, y limpiarnos de toda maldad" (1 Juan 1:9).

Si permitimos que la amargura gobierne nuestras vidas, eso puede hacer literalmente que enfermemos físicamente. Muchos médicos cristianos reconocen que las camas de los hospitales están llenas de personas enfermas cuyo mayor problema no es lo que están comiendo, sino qué se los está comiendo a ellas. Déjeme decirlo de esta manera: puede que no sea lo que ellos están comiendo, sino *a quién* se están comiendo.

¿COMERSE A PERSONAS O NO ALIMENTARSE DE CRISTO?

El apóstol Pablo advirtió a la iglesia en Gálatas 5:15 que no se mordieran ni se devoraran los unos a los otros. La palabra griega para *devorar* significa "carcomer".[5] Podemos decir que ellos estaban mordisqueándose el uno al otro, como un animal mordisquea un hueso e intenta extraer el último pedazo de carne que queda. Este "comerse unos a otros", figuradamente hablando, se refiere a estar hablando mal una persona de otra. Podríamos decir que se estaban criticando. Según Pablo, algunos miembros de la iglesia estaban intentando forzar a la iglesia a volver a estar bajo algunas leyes mosaicas y estaban subestimando la gracia de Dios.

Los hijos de Israel fueron ejemplo de lo que puede ocurrir cuando la gente come la carne equivocada. Dios envió maná al pueblo, pero ellos codiciaron en su carne y se quejaron de que querían tener carne para comer. Dios mandó un fuerte viento por el mar que atrajo miles de codornices al campamento de los hebreos. Eran tantas, que se cubrió casi dos codos toda la superficie, que traducido sería casi un metro de altura desde el suelo, todo lleno de codornices. La Biblia revela que las codornices cayeron por dos días (Números 11:31–32). Seiscientos mil hombres estuvieron recogiendo esas aves durante aproximadamente treinta y seis horas; "el que menos recogió fueron diez montones" (v. 32). Según la Dake's Annotated Reference Bible [Biblia de Referencia Anotada Dake], un montón eran diez celemines y medio (medida de áridos que corresponde a 35 litros N.T.), así que diez montones serían ciento cinco celemines de aves. Después de atracarse de carne, Dios castigó al pueblo con una plaga. Ellos obtuvieron lo que querían, ¡pero después ya no les gustó lo que habían obtenido! Existe un paralelismo espiritual en esta historia. Usted puede escoger entre el maná del cielo y la carne. Usted puede devorar la sangre y el cuerpo de Cristo (el pan y el fruto de la vid), o puede escoger hacer una dieta de personas que no le gustan, parientes que le caen mal y amigos que le han ofendido. Sólo recuerde que hay vida en el maná, ¡el pan del cielo que hoy es Cristo!

> El que come mi carne y bebe mi sangre, tiene vida eterna; y yo le resucitaré en el día postrero.
>
> —Juan 6:54

Si usted ha vivido con una ofensa y ha permitido que la falta de perdón gobierne su espíritu, eso será un obstáculo a sus bendiciones espirituales y una fortaleza que detiene el fluir del poder sanador de Dios a su vida. Jesús dijo que deberíamos pedir nuestro pan diario. Esto se refiere a nuestra provisión para la vida, pero Cristo es el pan del cielo. Participar diariamente de la Comunión nos proporciona el pan diario. Cuando recibimos el pan diario del cuerpo del Señor, eso hace que nos examinemos a nosotros mismos, manteniendo así nuestro espíritu y nuestra alma limpios y puros.

El maná extendió la vida de los hebreos en el desierto. La disposición de usted a perdonar a otros y recibir el maná espiritual por medio de la Comunión puede ser una clave vital para extender su vida y fortalecer su espíritu.

Cuatro cosas que debe hacer

Una vez escuché al pastor Franklin Hunt, de Fayetteville, Carolina del Norte, explicar las cuatro cosas que una persona debe hacer para comenzar el proceso de liberación de la atadura y la adicción. Este mismo proceso es efectivo para recibir libertad de nuestra amargura y falta de perdón.

1. **Afróntelo.** No niegue sus sentimientos y no culpe a otros de sus emociones negativas. Afróntelos como un hombre o mujer que ama a Dios. Nunca podrá cambiar lo que permite, y nunca afrontará lo que usted niegue.
2. **Sígale la pista.** ¡Llegue a la raíz del problema! ¿Fue orgullo por su parte? ¿Rechazó un aviso divino? ¿Estuvo el enemigo tratando de hacer una grieta? ¿Malinterpretó usted el comentario de alguien? Identifique la raíz y trate con ello en lugar de hacerlo con las circunstancias superficiales.
3. **Bórrelo.** Al pedir perdón y, cuando sea necesario, confrontar a la persona directamente y pedirle que le perdone, usted borra la ofensa. Dios también la borrará de los registros del cielo y limpiará su espíritu. El enemigo intentará traerla a la memoria por algún tiempo, ¡pero el Espíritu Santo se levantará y le recordará que usted no necesita recordar un pecado que Dios ha perdonado!
4. **Reemplácelo.** Las imágenes viejas pueden ser reemplazadas por otras nuevas. Cree nuevos recuerdos. Comience nuevas relaciones. Prosiga con su vida mientras deja atrás el pasado.

Libérese de la falta de perdón antes de que las semillas de resentimiento engendren una raíz de amargura que ahogue la bendición de Dios para su vida.

PARA REFLEXIONAR

1. En este libro estamos aprendiendo del poder sobrenatural del "alimento que sana" para traer sanidad espiritual y física a los creyentes a medida que ellos toman la Comunión diariamente. Sin embargo, este capítulo revela el mayor obstáculo para la sanidad. ¿Cuál es ese obstáculo?

____

____

2. En Mateo 7:1–2 Jesús nos advirtió que no juzgáramos, porque precisamente aquello por lo que estamos juzgando a otro puede convertirse en un problema en nuestra propia vida. Dé un ejemplo de cómo podría suceder esto.

____

____

3. En la parábola del sirviente que no perdonó (Mateo 18) se nos dice que el sirviente fue "entregado a los verdugos hasta que pagara todo lo que debía". ¿Cómo se convierte nuestra falta de perdón en una *puerta abierta* para que Satanás nos atrape y se convierta en un espíritu atormentador en nuestra vida?

____

____

4. A medida que nos sometemos a un autoexamen diario cuando participamos de la Comunión, ¿cómo podemos hacer las siguientes cosas para asegurarnos de estar recibiendo liberación de la amargura y la falta de perdón?

   a. Afróntelo:

____

____

b. Sígale la pista:

c. Bórrelo:

d. Reemplácelo:

CAPÍTULO 8

LA COMUNIÓN: NINGUNA FÓRMULA MÁGICA

> Porque esto es mi sangre del nuevo pacto, que por muchos es derramada para remisión de los pecados.
>
> —MATEO 26:28

HACE ALGUNOS AÑOS, DESPUÉS DE QUE escribiera un libro resaltando el concepto de recibir la Comunión diariamente para obtener sanidad física, recibí una carta de una mujer cuyo esposo había fallecido después de una batalla contra el cáncer. Ella leyó el libro y forzó a su esposo a recibir la Comunión cada día. Después de algunas semanas, él murió. En su carta, ella estaba amargada y decepcionada al escribir: "En realidad esto no funciona. Si hubiera algo en ello, mi esposo no habría muerto". Después de leer los detalles de la situación de ella y de su esposo, sentí compasión por ella; sin embargo, inmediatamente supe qué había causado la confusión. En primer lugar, fue una falta de revelación personal; y, en segundo lugar, fue su percepción de la Comunión.

El mensaje que ella leyó en el libro no había sido recibido como una revelación personal para su esposo; ella le forzó a recibir la Comunión basándose en lo que ella había recibido y no en la fe personal de él. Es similar a alguien que lee un libro sobre cómo perder peso en diez sencillos pasos y se rinde al final del segundo paso porque aún no ha perdido medio kilo. Esta enseñanza debe trasladarse de las páginas impresas hacia las profundidades de su espíritu para que sea una revelación que ilumine su espíritu y cause gran expectación en su alma.

También se apreciaba en su carta que ella percibía que recibir la Comunión era una especie de fórmula mágica. A la gente, especialmente a los estadounidenses, le encanta los arreglos rápidos, incluyendo las últimas modas y curas milagrosas. Compramos equipos de entrenamiento y nos cansamos sólo de verlos; experimentamos con la dieta más revolucionaria que nos garantiza derrotar "las curvas de la felicidad", pero después de unas semanas, si no derretimos esos kilos como si fueran gelatina en agua caliente, suponemos que no sirve para nosotros. Tenemos uno de esos raros cuerpos que no responden correctamente a la fórmula recomendada.

Debemos aclarar dos puntos. Si una persona cree que Dios puede restaurar su salud o traer sanidad sobrenatural, entonces cualquier método espiritual de sanidad revelado en la Biblia debe leerse con los anteojos de la fe. En cada milagro que Jesús hizo, la fe del individuo estuvo vinculada a la manifestación del milagro. Si yo leo una promesa en la Escritura que afirma que yo puedo nacer de nuevo, pero no la creo, entonces esa promesa queda automáticamente vacía en mi vida. Lo mismo sucede si leo acerca del derramamiento del Espíritu Santo en los últimos tiempos, pero no creo que sea para nuestra época. El Señor no fuerza sus bendiciones sobre nadie; por tanto, mi incredulidad puede dejar vacías las promesas de Dios para mi vida (Mateo 13:58). Si alguien lee las promesas de sanidad por medio de la obra expiatoria de Cristo y no las cree, entonces no las recibirá. Aquí está lo que nos dice la Biblia:

> Pero sin fe es imposible agradar a Dios; porque es necesario que el que se acerca a Dios crea que le hay, y que es galardonador de los que le buscan.
>
> —Hebreos 11:6

He ministrado personalmente a cientos de miles de individuos a través de campañas de avivamiento, conferencias y servicios especiales. Al ministrar en los servicios desde el altar, he observado la diferencia que existe entre una persona que está expectante de que Dios se mueva en su vida y la que pasa al frente sólo para ver qué pasa cuando se hace la oración. La mayoría de las veces, aquellos que tienen un alto nivel de fe y expectación son quienes se van con la bendición. Ha sido mi experiencia que aquellos que pasan al frente y hacen la oración como una rutina sin sentimiento, sin revelación del Espíritu o sin anticipación de un resultado esperado rara vez reciben un avance en ese momento. Ellos generalmente se alejan del altar diciendo: "Siga orando por mí".

Cuando recibimos la Comunión con el énfasis en liberar la unción sanadora de Dios en nuestro cuerpo, alma o espíritu, nunca debiéramos realizar solamente los movimientos físicos con la actitud de pensar: "Vamos a ver si funciona". Necesitamos entender la Comunión en términos del pacto de Dios con el hombre, ya que la redención y la cruz son la llave para abrir las promesas del nuevo pacto.

¿Qué es un pacto?

Su traducción de la Biblia está esta dividida en dos secciones llamadas el Antiguo y el Nuevo Testamento. La palabra *testamento* alude a una última voluntad y testamento que revela los beneficios dejados a la familia antes de la muerte del testador. Otro término es viejo pacto y nuevo pacto. Ya que algunos cristianos consideran que el Antiguo Testamento está obsoleto y quedó abolido, yo prefiero llamarlos el primer pacto y el segundo pacto, siendo el primero el pacto del Antiguo Testamento y siendo el segundo el que Cristo inició. Los sesenta y seis libros de la Biblia son un resumen de los pactos de Dios con la humanidad.

La palabra hebrea para *pacto* es *berit,* y habla de un contrato vinculante entre dos personas. Los pactos de Dios son contratos vinculantes de Él y la(s) persona(s) implicadas. Algunos pactos de Dios incluyen:

El pacto	La promesa del pacto
El pacto con Noé	La tierra nunca más sería destruida con agua.
El pacto abrahámico	El hijo de Abraham produciría una nación y gobernaría las naciones.
El pacto davídico	David regirá desde Jerusalén como rey para siempre.
El Nuevo Pacto	Podemos recibir vida eterna por medio de Cristo.

Cada pacto fue, de alguna manera, sellado con sangre. En los días después del Diluvio, Noé quemó sacrificios en el altar y Dios hizo el acuerdo de que la tierra nunca más sería destruida con agua. En el pacto abrahámico, el hecho físico de la circuncisión era la señal de que un hombre judío tenía el "corte de pacto" con Dios. Al octavo día, todo varón era circuncidado como una señal del pacto hebreo con Dios. Era una señal física de que el niño sería educado para que creyera en el Dios de Abraham y que sería educado en una relación de pacto (Génesis 17:11–12).

Después de la resurrección de Cristo y la inserción de los gentiles en la Iglesia, ya no fue necesario para un creyente en Cristo ser físicamente circuncidado en la carne. Pablo enseñó que la verdadera circuncisión era cuando Dios quitaba la dureza del corazón de una persona después de que esa persona aceptara a Cristo y el nuevo pacto. Bajo el nuevo pacto, el bautismo en agua reemplazó el acto físico de la circuncisión.

> En él también fuisteis circuncidados con circuncisión no hecha a mano, al echar de vosotros el cuerpo pecaminoso carnal, en la circuncisión de Cristo; sepultados con él en el bautismo, en el cual fuisteis también resucitados con él, mediante la fe en el poder de Dios que le levantó de los muertos.
>
> —Colosenses 2:11–12

Bajo el primer pacto, si un niño judío no era circuncidado al octavo día de nacido, no estaba en el pacto, y cuando fuese adulto, podía ser cortado del pueblo (Génesis 17:14). El bautismo en agua es tan importante para el proceso de salvación que Cristo enseñó que las personas deberían arrepentirse de sus pecados y *ser* bautizadas. En el libro de los Hechos, Pedro relacionó el arrepentimiento y el bautismo en agua con la salvación (Hechos 2:38).

El bautismo en agua le identifica públicamente como creyente en Cristo. Es un símbolo de usted siendo sepultado juntamente con Cristo y levantándose del agua con una nueva vida. En la Iglesia primitiva, el bautismo seguía inmediatamente después de la conversión a Cristo (Hechos 2:38; 8:12, 38; 9:18; 10:48; 16:15; 18:8; 19:5; 22:16). El bautismo en agua debiera enfatizarse en el momento en que una persona viene a Cristo.

El acto de la participación en la Cena del Señor también le identifica como creyente en Cristo.

LA ORACIÓN DE FE Y LA COMUNIÓN

Cuando comencé a entender la verdad espiritual que hay detrás del poder de la Comunión, una de las áreas importantes de iluminación fue el poder de la Comunión tal como se relaciona con la fe y la sanidad.

Existen muchos métodos de sanidad que encontramos en la Escritura. Hay sanidad por medio de pronunciar la Palabra, sanidad por medio de la manifestación del Espíritu, sanidad mediante los dones del Espíritu y sanidad a través de la oración de fe. Se nos dice que la oración de fe sanará al enfermo y el Señor lo levantará (Santiago 5:15).

Durante una oración de fe, la falta de fe (o incredulidad) puede convertirse en un obstáculo para que la oración sea contestada. Hay ocasiones en que la fe de la persona puede que sea más fuerte que en otras ocasiones, y regularmente juzgamos el poder de nuestras oraciones según las circunstancias o los sentimientos que hay en torno a la petición. Por ejemplo: pensamos que una migraña no es problema alguno para que Dios la sane, pero un cáncer terminal es otra historia. En muchos métodos de sanidad, la manifestación llega como resultado de la fe de la persona.

Lo mismo sucede con la Comunión. La persona debe creer en el poder sanador del cuerpo y la sangre de Cristo, y que la unción redentora de Cristo está operando en su cuerpo para producir sanidad y fortaleza. La fe es la senda que sigue toda bendición espiritual. La Comunión es poderosa porque está basada en el pacto de Dios con nosotros. Cuando recibo la Comunión, siento alivio al saber que estoy descansando no en las oraciones de otra persona, ni en su fe, ¡sino en la sencilla confianza en el pacto de Dios! Esto quita la presión de una persona que piensa que debe tener una fe muy grande, una atmósfera especial o una gran unción para ver una manifestación de sanidad.

CRUZADAS Y CONFERENCIAS DE SANIDAD

En los años cuarenta y cincuenta hubo muchos ministros que operaban en los dones de sanidad y milagros como se menciona en 1 Corintios 12:7–10. Multitudes asistían a esas reuniones, y muchos eran sanados de sus males y enfermedades. Mi padre recuerda que la gente solía decir: "Si tan solo puedo llegar a la carpa de la cruzada del hermano tal y tal, seré sanado". Muchas veces ellos eran sanados porque soltaban su fe, no en el hombre, sino en la unción presente cuando él oraba por los enfermos.

En aquella época podría haber miles de personas que asistían a esos servicios cada noche. Muchas veces los ministros se sentaban en sillas y oraban durante horas por la gente que se formaba en la línea para recibir oración. Los ministros terminaban muy cansados, y si alguna persona no recibía oración se iba muy decepcionada. Hoy en día hay personas que asisten a las reuniones de sanidad y se van decepcionadas porque el ministro no les llamó personalmente, o porque pareció que el Señor no se fijó en ellas. El inconverso muchas veces se burla de esas reuniones y las considera un fraude o un espectáculo. Eso causa estrés en los ministros que tienen este llamado, porque quienes son sinceros tienen una carga por la gente, y continuamente son acusados de ser un fraude porque alguna persona por la que se oraron no se sanó.

Un predicador escéptico le dijo a un reconocido ministro en los años cuarenta: "Si usted en verdad puede sanar a los enfermos, vaya al hospital local y ore por ellos para que sean sanados. Vacíe la unidad de cuidados intensivos". El hombre respondió: "Usted es predicador, ¿por qué no va al hospital y los gana a todos ellos para el Señor? Haga que todos sean salvos si usted cree en la salvación". El escéptico replicó: "La persona debe creer para que sea salva"; y el ministro de sanidad respondió: "¡Y la persona debe creer para ser sanada!".

Otros que buscan sanidad, normalmente creen que debe haberse creado cierta atmósfera espiritual para asegurar que la oración de sanidad haya funcionado. Aun algunos ministros no pueden operar bajo una "unción" hasta que el equipo, la música, las luces, etc. estén en su lugar correcto.

Dios sí utiliza a personas para ministrar a otras, y sí hace milagros especiales por medio de la unción del Espíritu Santo (Hechos 19:11). Sin embargo, yo creo que la mejor forma de recibir cualquier cosa del Señor es por medio de su *propia fe personal* en la Palabra. Por eso la Comunión es tan poderosa. Dios es fiel a su pacto y a su Palabra. Él ha engrandecido su Palabra sobre su Nombre (Salmo 138:2). Dios es tan fiel a su pacto que cuando amenazó con destruir a los hebreos por adorar al becerro de oro, Moisés simplemente le recordó a Dios su pacto con Abraham. Con ese recordatorio, el Señor se arrepintió de su decisión de destruir a Israel (Éxodo 32:14).

Poner en acción su fe

La fe sin obras (acción) es muerta (Santiago 2:26). Algunas veces, antes de que Cristo sanara a los enfermos, Él le pedía a la persona un acto de fe para demostrar que esa persona creía que recibiría su milagro. Por ejemplo, Jesús dijo:

- "Extiende tu mano" a un hombre con la mano seca (Lucas 6:10)
- "Vayan y preséntense a los sacerdotes" a los diez leprosos (Lucas 5:14)
- "Levántate, toma tu lecho, y anda" a un hombre paralítico (Juan 5:8)
- "Ve a lavarte en el estanque de Siloé" a un hombre ciego (Juan 9:7)

Hace años, un gran evangelista obtenía buenos resultados cuando ministraba a los enfermos. Antes de la oración, él pedía a los enfermos que pusieran su fe en acción haciendo lo que pudieran hacer; por ejemplo, empezar a mover una parte de su cuerpo o empezar a alabar a Dios. Una niña que había sufrido un accidente y estaba paralizada desde la cabeza hasta los pies comenzó a mover los ojos como su señal de fe en que Dios la sanaría. El ministro sabía lo que ella estaba haciendo; estaba actuando en fe de la única manera en que podía hacerlo, moviendo la única cosa que ella podía mover: sus ojos. Mientras él oraba por ella, el poder de Dios recorrió todo su cuerpo y ella se puso de pie y pudo caminar. ¡Su madre se sorprendió tanto que cayó desmayada!

Al tomar el tiempo para preparar la Comunión y pasar tiempo meditando en Cristo y en su pacto, usted está actuando por fe. Usted no tomaría el tiempo para pasar por este proceso si no considerase la Comunión como un acto de gran importancia en su vida. A Dios le gusta ver a personas que ponen en acción su fe, y Él disfruta cuando entendemos su pacto. La Biblia dice:

> No olvidaré mi pacto, ni mudaré lo que ha salido de mis labios.
>
> —Salmo 89:34

Descansar en las promesas de Dios

El Antiguo Testamento estaba basado en la obediencia a la ley escrita de Dios registrada en los cinco libros de Moisés, llamados la Torá. El nuevo pacto está basado en caminar en arrepentimiento y perdón, y actuar según las promesas dadas en el Nuevo Testamento. Pablo enseñó que tenemos un mejor pacto establecido sobre mejores promesas (Hebreos 8:6). Por definición, una promesa es una certeza divina de algo bueno. A continuación tenemos algunas de las muchas promesas dadas a los creyentes en el Nuevo Testamento:

- Salvación por fe (Efesios 2:8)
- Justificación por fe (Romanos 5:1)
- La promesa del Espíritu Santo (Hechos 2:39)
- La promesa de sanidad (1 Pedro 2:24)
- La promesa de la venida de Cristo (Hechos 1:11)
- La promesa del cielo (Juan 14:2–3)
- La promesa de la vida eterna (Juan 3:14–17)
- La promesa de reinar con Cristo (Apocalipsis 20:6)

Recibir la Comunión es tanto un acto de fe como un acto de obediencia. Dios siente compasión por nosotros cuando ve que actuamos sobre nuestra fe en su Palabra y creemos las palabras de su pacto. Jesús lo expresó de esta forma:

> Si permanecéis en mí, y mis palabras permanecen en vosotros, pedid todo lo que queréis, y os será hecho.
>
> —Juan 15:7

Para reflexionar

1. Este capítulo revela la poderosa conexión espiritual existente entre tomar la Comunión diariamente y la sanidad. En sus propias palabras, describa cómo esta práctica puede fortalecer nuestra fe para sanidad.

2. También aprendimos en este capítulo que Dios siempre es fiel a su Palabra y a los pactos que ha hecho con su pueblo. ¿Qué dos personajes bíblicos ejercitaron una gran fe al recordarle a Dios un pacto que Él había hecho, y que dio como resultado que Dios detuviera un juicio que había hecho?

3. Es muy importante para el pueblo de Dios poner en acción su fe para recibir un milagro. En cada uno de los siguientes pasajes, una persona demostró fe en una sanidad prometida. Describa brevemente cada situación.

   a. Lucas 6:10

   b. Lucas 5:14

   c. Juan 5:8

   d. Juan 9:7

4. La Palabra de Dios está llena de sus promesas. En las siguientes líneas, nombre una promesa que Dios haya hecho y que haya sido en particular un "edificante para su fe", y explique por qué ha sido tan importante.

____

____

____

Capítulo 9

Cuando la enfermedad intenta regresar a su casa

> Cuando el espíritu inmundo sale del hombre, anda por lugares secos, buscando reposo; y no hallándolo, dice: Volveré a mi casa de donde salí. Y cuando llega, la halla barrida y adornada.
>
> Entonces va, y toma otros siete espíritus peores que él; y entrados, moran allí; y el postrer estado de aquel hombre viene a ser peor que el primero.
>
> —Lucas 11:24–26

AUNQUE LAS PROMESAS DEL nuevo pacto son gratis, verlas manifestadas en su vida es una batalla: una batalla en la que participa su fe. El enemigo lanzará dardos mentales como estos: ¿Será en verdad la voluntad de Dios que yo sea sano? ¿Estará tratando Dios de enseñarme una lección? ¿Es este problema la consecuencia de algún pecado? Muchos creyentes batallan para recibir porque son continuamente bombardeados con mensajes negativos provenientes del enemigo de sus almas. Uno de los conflictos más retadores y difíciles se manifestará cuando el enemigo intente regresar a su casa.

Lucas recordó la afirmación hecha por Jesús de que el espíritu inmundo se va, pero intenta regresar a la misma casa de donde fue expulsado. Observemos que la casa está barrida y limpia, pero deshabitada. La persona en esta historia ha hecho un esfuerzo por "enderezarse" y ha recibido descanso temporal, pero no ha dejado que el Señor obre adecuadamente y resida en él. Finalmente el enemigo regresó y llevó con él compañía no deseada (otros siete espíritus).

En Marcos capítulo 5, cuando Cristo liberó al hombre de Gadara de dos mil espíritus inmundos (v. 13), este anterior maníaco de los montes quería seguir a Jesús de ciudad en ciudad. Cristo le dijo a ese hombre ex-poseído que regresara a su casa y les hablara a sus amigos de las grandes cosas que el Señor había hecho por él (v. 19). En lugar de animar al hombre para que lo siguiera, Cristo le dijo que volviera a la casa de donde venía y testificara de ese milagro. Creo que aquel hombre tenía un poco de miedo de regresar, miedo a que los demonios intentaran regresar a él de nuevo. Jesús le dio una clave importante para mantenerse libre; le dijo: "Testifica de lo que el Señor ha hecho". Esto concuerda con una afirmación de Apocalipsis 12:11: "Y ellos le han vencido [a Satanás] por medio de la sangre del Cordero y de la palabra del testimonio de ellos, y menospreciaron sus vidas hasta la muerte".

Un creyente nacido de nuevo que está bajo el pacto de la sangre de Cristo y caminando en la Palabra, tiene defensa contra los poderes de las tinieblas, incluyendo los malos espíritus. Sin embargo, existe un principio espiritual del que el creyente debería ser consciente. Existen dos tipos de conflictos: ataques y contraataques. La mayoría de cristianos son conscientes de los ataques frontales del adversario; sin embargo, muchos son agarrados fuera de guardia cuando llega un contraataque. El propósito del contraataque del enemigo es reocupar el territorio perdido.

Cuando una persona nace de nuevo, el adversario puede traer un amigo a. C. (antes de Cristo) que le tentará a regresar a las fiestas nocturnas y a los bares. Los creyentes que reciben el bautismo en el Espíritu Santo muchas veces deben tratar con parientes escépticos que intentan rescatarlos de su "decepción". Lo mismo sucede con la sanidad. Los primeros ministros pentecostales defendían continuamente la práctica de la oración por los enfermos a la vez que los críticos lamentaban o denunciaban el acto de la unción con aceite y la búsqueda de Dios para recibir sanidad.

El adversario es un ladrón; no le gusta perder territorio, y por eso intentará robarle su bendición. Si usted se lo permite, lo hará.

Cuando una enfermedad regresa

Por muchos años mi padre ha orado por los enfermos y ha visto innumerables respuestas a sus oraciones. Mi padre y yo hemos observado a lo largo de los años que algunas personas que son sanadas, en algunas ocasiones han experimentado una recaída con una enfermedad parecida. Por ejemplo: una persona es sanada de una enfermedad terminal y es declarada limpia por su médico. Muchos años después la enfermedad regresa, pero probablemente en alguna otra parte de su cuerpo. Aunque ciertamente eso no sucede todas las veces, hay ocasiones en que sucede, y habría que hablar de ello.

Una vez que hemos sido sanados, debemos mantener nuestra fe en la capacidad de Cristo para preservar todo nuestro cuerpo, alma y espíritu sin mancha hasta la venida del Señor Jesucristo (1 Tesalonicenses 5:23). En los años cincuenta, una mujer que tenía cáncer en la cara estaba esperando para recibir oración mientras el evangelista oraba fervientemente a Dios para que realizara milagros. Su mano cubría el cáncer de su cara, y de repente ella gritó mientras el cáncer caía en su mano y su cara quedaba completamente sanada. La gente comenzó a regocijarse. Sin embargo, la mujer dijo: "No puedo creerlo... esto es imposible... esto no puede estar sucediendo". Ella se puso la mano de nuevo en la cara, ¡y el cáncer regresó nuevamente a su piel! Conmocionada, hizo una profunda declaración: "¡Oh Dios, lo que la fe me dio, la incredulidad me lo quitó!".[1]

ENFRENTARSE AL HERMANO DE GOLIAT

La historia de Goliat contiene un indicio en cuanto a cómo afrontar una enfermedad cuando esta regresa. En tiempos de David había cinco gigantes que vivían en la Tierra Prometida. Sus nombres eran:

1. Goliat (1 Samuel 17:4)
2. Isbi-Benob (2 Samuel 21:16)
3. Saf (2 Samuel 21:18)
4. El gigante de Gat (2 Samuel 21:20)
5. Lahmi (1 Crónicas 20:5)

Goliat era tan grande e intimidante que ningún hombre en el ejército de Israel estuvo dispuesto a retarlo hasta que un adolescente lleno de fe llegó al campo de batalla. Antes de acercarse a Goliat, David se detuvo al lado de una corriente de agua y tomó cinco piedras lisas para su honda (1 Samuel 17:40). La razón por la cual tomó cinco piedras era que David estaba preparado para eliminar a Goliat y a sus otros cuatro colegas.

Lahmi, uno de los gigantes, era también hermano de Goliat:

> Volvió a levantarse guerra contra los filisteos; y Elhanán hijo de Jair mató a Lahmi, hermano de Goliat geteo, el asta de cuya lanza era como un rodillo de telar.
>
> —1 Crónicas 20:5

Si Lahmi era parte de la familia de Goliat, probablemente era de la misma estatura y tenía los mismos rasgos y la amenazadora voz de su hermano Goliat. Sin embargo, no era Goliat, porque Goliat ya estaba muerto (1 Samuel 17:51). La cabeza de Goliat había sido cortada con la espada de David, una imagen de la espada del Espíritu, o de la Palabra de Dios que llega a la raíz del problema que nos está afligiendo (Hebreos 4:12).

Cuando Dios ha traído sanidad a su vida, ya fuese por la oración de fe, o por la manifestación del Espíritu, o a través de la Comunión, Él hace bien su obra de sanidad, y la fe y la obediencia de usted mantienen un flujo continuo de vida en su espíritu, alma y cuerpo. Aun así, el enemigo ocasionalmente contraatacará intentando traer a su cuerpo precisamente aquello de lo que usted ya ha sido liberado. No es Goliat, porque el gigante está muerto. Puede parecerse, sentirse igual y actuar de la misma manera, pero Goliat tiene un hermano. Hay que tratar con Lahmi del mismo modo que se hizo con Goliat.

Hace muchos años, una persona acudió a mí a pedirme oración, mencionando que una enfermedad del pasado intentaba regresar. Yo le dije: "No es Goliat, es su hermano; ¡pero aún hay piedras en el arroyo!". El punto es que la misma fe que derrotó a Goliat también derrotará a su hermano. La misma unción que trajo la sanidad inicial y la misma fe que derrotó al adversario hace años, ¡son la misma unción y fe que pueden conquistar al enemigo en el presente!

Obviamente, si el Señor tarda, todos viviremos nuestro último día en la tierra y pasaremos de esta vida a la siguiente. Actualmente no estamos en un cuerpo inmortal, y nuestro cuerpo, que es templo del Espíritu Santo (1 Corintios 3:16), requiere reparaciones y mantenimiento ocasionales. A lo largo de nuestro viaje llegarán tormentas y dañarán parte de nuestro templo, pero así como Dios tuvo cuidado de su casa en Jerusalén, Él también está interesado en su casa física, que fue creada a imagen de Él.

Los siguientes son tres puntos a recordar:

1. Dios puede mantener (preservar) lo que le confiamos, y esto incluye nuestra salud.

> Y el mismo Dios de paz os santifique por completo; y todo vuestro ser, espíritu, alma y cuerpo, sea guardado irreprensible para la venida de nuestro Señor Jesucristo. Fiel es el que os llama, el cual también lo hará.
>
> —1 TESALONICENSES 5:23–24

2. Si el enemigo regresa, use las mismas armas para derrotarlo una y otra vez.

> Porque las armas de nuestra milicia no son carnales, sino poderosas en Dios para la destrucción de fortalezas.
>
> —2 CORINTIOS 10:4

3. Deberíamos mantener nuestra fe y nuestro compañerismo por medio de la Comunión tan frecuentemente como podamos o nos sintamos guiados a hacerlo.

> Asimismo tomó también la copa, después de haber cenado, diciendo: Esta copa es el nuevo pacto en mi sangre; haced esto todas las veces que la bebiereis, en memoria de mí.
>
> —1 CORINTIOS 11:25

PARA REFLEXIONAR

1. Lucas capítulo 11 relata una historia de un espíritu inmundo que deja una casa y más adelante regresa con siete espíritus peores que él para volver a habitar la casa. ¿Qué aprendió usted en este capítulo sobre por qué Satanás constantemente trata de atacarnos con un mal o enfermedad de la que Dios ya nos ha sanado?

2. Este capítulo describe dos tipos de ataques satánicos: un ataque frontal y un contraataque. ¿Cuál es el propósito del contraataque?

3. Se estableció una interesante relación entre el gigante Goliat y las cinco piedras lisas que David tomó para usarlas en su pelea con Goliat. ¿Qué representan las otras cuatro piedras?

4. ¿Cuales son las tres lecciones importantes que aprendimos en este capítulo para evitar un contraataque?

   a.

   b.

   c.

CAPÍTULO 10

EL PODER SECRETO DE LA SANGRE DEL CORDERO

> Porque la vida de la carne en la sangre está.
>
> —LEVÍTICO 17:11

ESA NOCHE PERMANECERÍA para siempre en la Historia. Mientras las tinieblas cubrían Egipto, el pueblo hebreo asaba un cordero, rociaba sangre en los dinteles de sus puertas y se preparaba para la visitación de Dios. Esa noche Dios mandaría la décima plaga, la muerte de todos los primogénitos del ganado y de los hijos primogénitos de los egipcios. Sólo las casas marcadas con la sangre del cordero serían pasadas por alto.

Dios mandó diez plagas contra Egipto, las cuales fueron un ataque contra los diez dioses más importantes de Egipto. Por ejemplo: Ra era el dios egipcio del sol, quien quedó impotente cuando las tinieblas cubrieron la tierra (Éxodo 10:22). Apis era un dios con forma de toro; sin embargo, Apis no pudo evitar el juicio del Todopoderoso sobre el ganado de Egipto (Éxodo 9:6). Cuando el Nilo se convirtió en sangre (Éxodo 7:20), el dios cocodrilo egipcio no pudo intervenir.

Dos dioses importantes de los egipcios eran Amón y Khnum. El dios Khnum tenía cuerpo humano y cabeza de carnero. Era el señor de la primera catarata y presidía la crecida anual del Nilo, que emergía de dos cavernas en Elefantina. Los egipcios creían que este ídolo controlaba el agua, la mitad de la cual discurría al norte y la mitad al sur. Cuando el Nilo se convirtió en sangre (Éxodo 7:20) y el Todopoderoso llenó el río de ranas (Éxodo 8:3), todas las oraciones al ídolo de piedra Khnum fueron inútiles.

Los egipcios odiaban a los pastores

Según las declaraciones hechas por José a sus hermanos, los egipcios despreciaban a los pastores (ver Génesis 46:34.) Cuando Jacob llevó a los hebreos a Egipto, José les dijo a sus hermanos que no dijeran que eran pastores, por miedo a que los egipcios no permitieran a los hebreos trasladarse de Canaán a Egipto.

> Y cuando Faraón os llamare y dijere: ¿Cuál es vuestro oficio? entonces diréis: Hombres de ganadería han sido tus siervos desde nuestra juventud hasta ahora, nosotros y nuestros padres; a fin de que moréis en la tierra de Gosén, porque para los egipcios es abominación todo pastor de ovejas.
>
> —Génesis 46:33–34

Qué irónico que los egipcios odiaran a los pastores; sin embargo, ¡Dios usó el más pequeño y despreciado animal —un cordero— para derrotar y destruir a la nación entera! La sangre del cordero en la puerta de las casas de los israelitas era un desprecio hacia esos dos ídolos.

Las dos mayores fortalezas de Satanás

Así como aquellos dos dioses eran los principales ídolos en Egipto, Satanás tenía el control del poder del pecado y la enfermedad. Dios utilizó la sangre de un pequeño cordero para derrotar a los dos agentes más poderosos de Satanás. Esa Pascua era el futuro de lo que vendría.

- Este cordero fue llamado un cordero de Pascua; Jesús fue llamado el Cordero de Dios.
- El cordero del Éxodo no tenía mancha; Jesús fue llamado sin pecado o sin mancha.
- El cuerpo del cordero proveía sanidad; las llagas en el cuerpo de Cristo proveen sanidad.
- La sangre del cordero proveía redención; la sangre de Cristo provee redención.

Era importante para los israelitas permanecer en la casa mientras el ángel de la muerte pasaba:

> Y la sangre os será por señal en las casas donde vosotros estéis; y veré la sangre y pasaré de vosotros, y no habrá en vosotros plaga de mortandad cuando hiera la tierra de Egipto.
>
> —Éxodo 12:13

> Y tomad un manojo de hisopo, y mojadlo en la sangre que estará en un lebrillo, y untad el dintel y los dos postes con la sangre que estará en el lebrillo; y ninguno de vosotros salga de las puertas de su casa hasta la mañana.
>
> —Éxodo 12:22

Así como se le ordenó al pueblo que se quedara en sus casas para tener la protección de Dios, nosotros debemos habitar en Cristo y permanecer fieles a Él para recibir todos los beneficios del nuevo pacto.

El misterio de la sangre

¿Cómo puede la sangre de un corderito tener tanta autoridad sobre la muerte? ¿Cómo puede la sangre de un hombre, Jesucristo, tener tanto poder sobre el enemigo? ¿Qué es lo que tiene de especial la sangre?

Cuando Dios creó al hombre a su propia imagen, Él sopló en su nariz aliento de vida y Adán se convirtió en un alma viviente (Génesis 2:7). La palabra hebrea para *vida* es plural, significando vidas. Es porque la "vida de la carne está en la sangre" (Levítico 17:11) y todo el ADN de las generaciones futuras está en la sangre del padre. Muchas "vidas" futuras se encuentran en la línea de sangre de un solo hombre.

Cuando Dios creó la sangre para el cuerpo de Adán, Él puso una sustancia de vida con la que Satanás y los ángeles no estaban familiarizados. Los ángeles son espíritus sin cuerpo físico, y el hombre es un ser espiritual con cuerpo físico. Los ángeles nunca habían sabido nada de la sangre hasta la creación de Adán. También tenemos el pasaje inusual donde Caín mató a su hermano Abel y la "voz de la sangre de tu hermano [Abel] clama a mí desde la tierra" (Génesis 4:10). La palabra hebrea para sangre en este pasaje es *dam,* y es plural.[1] Cuando Caín mató a Abel, no sólo mató a su hermano, sino que también mató a todos los descendientes que en un futuro habrían salido de los lomos de Abel. La sangre tiene una voz: una capacidad para hablar con Dios. Hablando de Abel, el escritor a los Hebreos dijo: "y muerto, aún habla por ella" (Hebreos 11:4).

Sin sangre, usted moriría instantáneamente. Todos los nutrientes para su cuerpo llegan a través de la sangre, y muchas enfermedades pueden ser detectadas por medio de exámenes de sangre. Este líquido misterioso fue el regalo de vida de Dios para la humanidad. Era tan importante, que cuando el pecado se originó en el huerto se requirió sangre para cubrir el pecado del hombre.

> . . . y sin derramamiento de sangre no hay remisión.
>
> —Hebreos 9:22

¿Por qué todos los animales?

Cuando el tabernáculo y el templo fueron construidos, se ofrecían sacrificios continuos. Algunos eran ofrendas por los pecados, otros por transgresiones, y otros eran ofrendas de acciones de gracias. Solamente el sacerdote podía ofrecer los animales, y solamente el sacerdote podía poner la sangre en vasijas de oro y plata. La sangre de la expiación era rociada en los vasos sagrados y sobre el altar (Levítico 3:2), delante del velo (Levítico 4:6), y delante del arca y del propiciatorio en el Día de Expiación (Levítico 16:15). La sangre humana y la de animal no se podían mezclar. Si un sacerdote accidentalmente se cortaba, salía del templo por una ruta especial para evitar mezclar la sangre.

Después de que Adán y Eva confesaran su pecado, Dios mató dos animales y cubrió a la primera pareja con la piel fresca de animales muertos. Desde ese momento, algunos animales fueron marcados para ser ofrendas sacrificiales. Cada animal, de alguna manera servía como figura del sacrificio final y definitivo de Cristo.

La cantidad de sangre era sorprendente. La sangre de tres bueyes podría llenar una bañera de nuestra época. Considere lo siguiente: en Egipto había 600,000 hombres hebreos. Si había 4 hombres en cada casa, podría haber hasta 150,000 corderos ofrecidos la noche de la Pascua. En tiempos del tabernáculo de Moisés, se ofreció un cordero en la mañana y otro en la tarde durante cuarenta años. Eso sumaría 28,800 corderos.

En tiempos del templo de Salomón, la ofrenda de comunión consistía en 22,000 vacas, 120,000 ovejas y 120,000 cabras. Eso da un total de 262,000 animales, con más de 1,100,000 litros de sangre en el altar. Cuando Salomón ofreció 10,000 ovejas, derramó aproximadamente 41,000 litros de sangre en el altar. El rey Ezequías sacrificó más de 10,000 ovejas, y cada Pascua en Jerusalén se sacrificaban unos 300,000 corderos al año, lo que equivale a casi 1,200,000 litros de sangre al año en el altar del Señor.[2]

Después de mil quinientos años de interminables e innumerables ofrendas de sangre, el cordero final y definitivo fue ofrecido en Jerusalén. Cristo fue concebido por el Espíritu Santo y nacido de una virgen. Como el tipo de sangre de un niño proviene de la semilla del padre, la sangre de Jesús no estuvo vinculada con su padre terrenal, José, sino que estaba directamente conectada a Dios mismo. La misma sangre original del primer Adán, que fue soplada por su Creador, fue también soplada en el vientre de María, en el cuerpo de Cristo. La sangre de Cristo nunca fue corrompida por el pecado original de Adán. Cristo no tuvo pecado y fue perfecto; por eso se necesitó su sangre para redimir a la humanidad.

El monte de la Calavera

El concepto de Cristo como Cordero era un cumplimiento de los eventos de la Pascua. Sin embargo, hay un aspecto menos conocido de su plan redentor, el cual concierne al lugar donde Cristo fue crucificado. El Evangelio de Juan dice:

> Y él, cargando su cruz, salió al lugar llamado de la Calavera, y en hebreo, Gólgota; y allí le crucificaron, y con él a otros dos, uno a cada lado, y Jesús en medio.
>
> —Juan 19:17–18

En Jerusalén hay muchos montes que rodean la antigua ciudad de Jerusalén. Son:

- El monte de los Olivos
- El monte Scopus

- El monte del mal Concilio
- El monte Calvario
- El monte Moriah
- El monte de Sión
- El monte Ofel

El monte de los Olivos es el monte más famoso del Antiguo Testamento, pero el Gólgota es el más famoso del Nuevo Testamento. Los escritores de los Evangelios mencionan el monte donde Cristo fue llevado para ser crucificado. En aquella época, en Jerusalén se hablaban tres idiomas: griego, latín y hebreo. Por esa razón Pilato puso una inscripción en la cruz, "Jesús de Nazaret, Rey de los judíos", en los tres idiomas.

El lugar de la ejecución fue un monte llamado Calvario (en latín) o Gólgota (en hebreo). Los escritores de los Evangelios revelan el nombre del monte y también un hecho extraño: era el monte de una calavera. La afirmación "monte de la Calavera" ha creado mucha especulación acerca del significado de esa frase. ¿La calavera de quién? ¿Por qué era llamada esa zona el lugar de la calavera?

Tradicionalmente, hay tres posibles explicaciones. La primera tradición se remonta a la historia judía y es mencionada brevemente por uno de los primeros padres: Orígenes. La leyenda judía enseña que, antes del Diluvio, el justo Noé tomó la calavera de Adán (que tendría aproximadamente setecientos años) y la puso en el arca. La leyenda afirma que, después del Diluvio, el hijo de Noé, Sem, quien después se ganaría el nombre de Melquisedec, el rey y sacerdote de Jerusalén (Génesis 14), enterró la calavera de Adán en Jerusalén. Así, Orígenes creía que el nombre Gólgota aludía a que la calavera de Adán había sido enterrada en el mismo lugar en que fue crucificado el Señor.[3]

La segunda tradición está relacionada con la idea de una antigua zona de apedreamientos. Cristo fue crucificado y enterrado fuera de las puertas del templo, ya que los sepulcros no podían estar situados con las paredes de la Ciudad Santa. Se cree que la antigua zona de apedreamientos estaba situada al norte de la ciudad, justamente fuera de la puerta de Damasco que existe hoy en día. El primer mártir en Jerusalén fue Esteban, un diacono de la Iglesia primitiva (Hechos 7). Ese hombre de Dios fue apedreado hasta la muerte en una zona de apedreamientos que estaba fuera de las puertas de la ciudad. Algunos sugieren que el monte de la Calavera se refería a los huesos de las víctimas que habían sido apedreadas. Los dos puntos negativos de esta teoría son:

1. El monte es el monte de *la* calavera, no el monte de *las calaveras* (plural).
2. Había sepulcros nuevos y un huerto en el lugar donde Jesús fue crucificado. No es probable que una zona de apedreamientos tuviera un huerto ni estuviera cerca del lugar de entierro de un miembro del Sanedrín, como José de Arimatea. Cristo fue puesto en su tumba después de su muerte.

Una tercera teoría, que se hizo popular a finales del siglo XIX, está relacionada con una pequeña colina que se encuentra en nuestros días en una ruidosa estación árabe de autobús, justamente fuera de la puerta de Damasco en Jerusalén. A finales del siglo XIX, un general británico llamado Gordon visitaba Jerusalén cuando observó una colina que parecía tener agujeros de ojos, similar a una gran calavera. Él supuso que aquel habría sido el lugar de la Crucifixión. Excavaciones arqueológicas desenterraron evidencia de un antigua sepulcro, y también evidencia de un huerto localizado cerca de la colina. Gordon observó dónde mencionaba la Escritura que el lugar donde Cristo fue crucificado tenía un huerto y, en el huerto, un sepulcro nuevo.

La Escritura situaba el sepulcro y el huerto en la misma zona del monte de la Calavera. En Jerusalén, el lugar tradicional de la crucifixión se denomina la Iglesia de la Santa Sepultura. Este lugar data de los tiempos de Elena, la madre del emperador Constantino, que viajó por toda Tierra Santa intentando marcar los lugares santos reales relacionados con el ministerio de Cristo. Existe una controversia sobre este lugar, porque realmente podría situarse dentro de los muros de la ciudad antigua, lo cual lo eliminaría de inmediato como el lugar verdadero. Nadie podía ser crucificado o enterrado dentro de los muros de la ciudad, pues hacerlo contaminaría la santidad de Jerusalén.

Entonces, ¿por qué ese monte era identificado como el monte de la Calavera?

¿Estaba ligado al primer hombre Adán? Al ser Cristo el segundo hombre Adán, ¿era necesario que la sangre goteara desde la vieja cruz a la tierra donde los huesos del primer Adán estaban enterrados? Esta teoría fue propagada por uno de los primeros padres llamado Jerónimo, quien sugería que durante el terremoto en la crucifixión, la sangre de Jesús goteó desde la cruz hasta una grieta en la tierra y cayó en la calavera de Adán.[4] Esto suena dramático y muy espiritual. Sin embargo, tendría que ser mucha cantidad de sangre para que goteara hasta la tierra y cubriera la calavera que había sido enterrada allí mil ochocientos años antes de la crucifixión.

La posible interpretación

Para entender el probable significado del Gólgota, uno debe regresar a los tiempos de Noé, cuando una extraña raza de gigantes vagaba por la tierra. Cuando Moisés habló de los días de Noé, indicó que había gigantes en la tierra en aquellos tiempos. Moisés además reveló que esos gigantes eran la descendencia de los hijos de Dios y las hijas de los hombres, quienes dieron a luz a aquellos poderosos y conocidos hombres. Según numerosas fuentes judías y de la Iglesia primitiva, los gigantes nacieron cuando los ángeles fueron enviados por Dios en forma de seres humanos para enseñar a los hombres justicia y revelar los misterios de Dios. Algunos, sin embargo, se enamoraron de las hijas vírgenes de los hombres, cayeron en la lujuria y tuvieron relaciones físicas que dieron a luz a personas gigantescas, con una altura aproximada de tres metros.

Según las Escrituras, en una época hubo una raza de seres llamados gigantes que recorrían la tierra e incluso gobernaban algunas partes de ella. Existieron antes del Diluvio y estaban presentes en tiempos de David.

Esa raza de gigantes pervirtió la tierra antes del Diluvio. Causaron temor a los hebreos que deseaban entrar a la Tierra Prometida, y controlaban montes en Hebrón cuando Josué y Caleb guiaron a Israel a su herencia (Josué 15). En tiempos de David, los cinco últimos gigantes de los registros bíblicos vivían en Israel. Se enumeran en 1 Samuel 17:4; 2 Samuel 21:16–22; y 1 Crónicas 20:5. Sus nombres son:

- Goliat
- Saf
- Lahmi
- Ishbi-Benob
- El gigante de Gat

Cuando era adolescente, David asesinó a Goliat y con la espada del gigante le cortó la cabeza:

> Entonces corrió David y se puso sobre el filisteo; y tomando la espada de él y sacándola de su vaina, lo acabó de matar, y le cortó con ella la cabeza. Y cuando los filisteos vieron a su paladín muerto, huyeron.
>
> —1 SAMUEL 17:51

Después de este versículo están las porciones de la Escritura más interesantes y que más se pasan por alto en la historia de David y Goliat. ¿Qué le pasó a la cabeza del gigante? La Biblia revela lo que David hizo después de derribar al máximo campeón filisteo:

> Y David tomó la cabeza del filisteo y la trajo a Jerusalén, pero las armas de él las puso en su tienda.
>
> —1 SAMUEL 17:54

Lo que hace que esta afirmación se única es lo siguiente:

1. Los filisteos estaban en el valle de Elah, y Jerusalén está aproximadamente a 30 kilómetros de esa área. David cargó la cabeza del gigante aproximadamente 30 kilómetros hasta Jerusalén. ¿Por qué hizo David un viaje tan largo con la cabeza de su enemigo?
2. En aquel tiempo Jerusalén estaba controlada por una tribu cananea llamada jebuseos. Años después, cuando David se convirtió en rey, capturó la ciudad de Jebus. ¿Por qué el joven David llevó la calavera de Goliat a Jerusalén cuando en esa época Hebrón era considerada capital de Israel?
3. David tomó la armadura de Goliat y la puso en su tienda. ¿Qué tienda era esa? Él vivía en Belén en aquel momento, y más adelante construyó una tienda en el monte de Sión para adorar a Dios. Leemos que la espada de Goliat estaba en el tabernáculo de Moisés en Nob, envuelta en un velo detrás del efod:

> Y el sacerdote respondió: La espada de Goliat el filisteo, al que tú venciste en el valle de Ela, está aquí envuelta en un velo detrás del efod; si quieres

> tomarla, tómala; porque aquí no hay otra sino esa. Y dijo David: Ninguna como ella; dámela.
>
> —1 Samuel 21:9

¿Puso también David la armadura del gigante en el tabernáculo junto con la espada del gigante? ¿Es esa la tienda a la que la Biblia se refiriere? ¿O era una tienda personal donde vivía David? Ya que los jebuseos controlaban Jerusalén y eran enemigos de Israel, ¿tomó David la cabeza inmediatamente, o estaba indicando la Biblia algo que David había hecho en un periodo posterior, cuando ya era rey de Israel? Sabemos que David conocía la historia de Abraham, Isaac y Melquisedec. Tenia la Torá (los primeros cinco libros de la Biblia) y sabía de la predicción de Abraham concerniente al monte Moriah en Jerusalén: "En el monte de Jehová será provisto" (Génesis 22:14). David es identificado como un profeta en el Nuevo Testamento (Hechos 2:29–30). Pedro declaró que David vio una imagen de la resurrección de Cristo (Hechos 2:30–31); por tanto, dio varias predicciones relacionadas con ese futuro acontecimiento.

Aparentemente, el Espíritu Santo inspiró a David a llevar la calavera del gigante Goliat a Jerusalén, entendiendo que ese gigante representaba la semilla de la serpiente (Génesis 3:15) y su destrucción representaba el triunfo sobre los enemigos de Israel. La calavera habría sido enterrada en Israel como recordatorio de que Dios estaba con David y que le había prometido un reino allí en el futuro. El hecho de que David construyera una tienda y estableciera adoración continua es muy significativo. La espada de Goliat fue envuelta en un velo en el tabernáculo de Moisés y puesta cerca del efod. El efod de lino es lo que el sacerdote usaba cuando ministraba. Años después de derrotar a Goliat, David guió una procesión de sacerdotes que llevaba el arca del pacto a Jerusalén ¡vistiendo el efod especial!

> Y David danzaba con toda su fuerza delante de Jehová; y estaba David vestido con un efod de lino.
>
> —2 Samuel 6:14

Goliat y el Gólgota

El significado de Gólgota como el monte de la Calavera puede estar relacionado con Adán, pero es más probable que esté relacionado con Goliat. Yo creo que es posible que David llevara la cabeza del gigante a Jerusalén y la enterrara en cierto monte que pudo ser reconocido como el monte de la Calavera. Siglos de historia hicieron que el significado y la intención original de este monte se perdieran, pero las indicaciones todavía están escondidas en la palabra Gólgota.

Leemos en la Biblia que Goliat era de Gat, y habría sido identificado como Goliat de Gat, así como Jesús era conocido como Jesús de Nazaret, y Saulo como Saulo de Tarso. Una persona era regularmente identificada por el área de la que procedía.

Goliat de Gat podría abreviarse como Gol-Gat-ha. Así, la palabra Gólgota aludía a una calavera: una famosa calavera que fue enterrada en la base del monte denominado tiempo después en hebreo ¡el monte de Gólgota! Si esta teoría es correcta, ¡añade una nueva dimensión dinámica al propósito de Cristo al ser crucificado en el monte de la Calavera!

Aquí está la imagen. Mientras Cristo está colgando de la cruz en lo alto del monte de la Calavera, su sangre está cayendo en la tierra, quizá en la misma zona donde la calavera del antiguo enemigo de Israel está enterrada. Los pies de Cristo estaban sobre la cabeza del enemigo, justamente como Dios lo predijo: la simiente de la mujer le herirá en la cabeza (al enemigo) (Génesis 3:15). La palabra hebrea para *herir* significa "abrumar, romper y cubrir".[5] Cuando Cristo el Cordero fue asesinado cerca de la Pascua, parecía que Satanás había ganado; sin embargo, Cristo rompió el poder del pecado, de la muerte y de la enfermedad, ¡y puso a sus enemigos debajo de sus pies!

Tras la derrota de Satanás por parte de Cristo, ahora podemos proclamar como Pablo hizo a los creyentes en Roma:

> Y el Dios de paz aplastará en breve a Satanás bajo vuestros pies. La gracia de nuestro Señor Jesucristo sea con vosotros.
>
> —Romanos 16:20

Para reflexionar

1. ¿Cuáles son los dos agentes más fuertes que Satanás usa para derrotar al pueblo de Dios?

____

____

____

2. 2. ¿Por qué es importante para nosotros entender el significado de la Escritura cuando dice: "Porque la vida de la carne en la sangre está" (Levítico 17:11)?

____

____

____

3. 3. Este capítulo revela tres escuelas de pensamiento tradicionales judías que tratan de explicar por qué la Biblia menciona que la crucifixión de Cristo se lleva a cabo en el "lugar de la calavera" (Juan 19:17–18). Describa brevemente cada una de estas teorías:

   a.____

   ____

   b.____

   ____

   c.____

   ____

4. 4. El capítulo revela una explicación muy distinta relacionada con el "lugar de la calavera". ¿Cómo podría estar relacionada con el asesinato de Goliat por David?

____

____

____

Capítulo ii

La Didaché y el banquete mesiánico

> Y el ángel me dijo: Escribe: Bienaventurados los que son llamados a la cena de las bodas del Cordero. Y me dijo: Estas son palabras verdaderas de Dios.
>
> —Apocalipsis 19:9

BELÉN ERA UNA DE las comunidades más pequeñas en Israel. Sin embargo, las personas que nacían y vivían en ese pueblo afectaban a Israel, y un hombre nacido allí cambió el mundo. La palabra *Belén* proviene de dos palabras hebreas: *beyth*, que significa casa, y *lechem*, que significa pan. El significado de Belén es "casa de pan".

El significado profético de este pueblo era a la vez literal y espiritual.

La historia de amor de Rut y Booz fue se desarrolló en Belén. Rut era una moabita (gentil) que siguió a su suegra judía, Noemí, desde Moab, de regreso a la ciudad de origen de Noemí, Belén, cuando terminó la hambruna. A Rut, que era viuda, se le permitió recoger espigas en los campos de un judío rico llamado Booz. Rut se ganó la atención y el favor de aquel hombre rico, soltero y dueño de la tierra, y finalmente se casó con él. De la línea sanguínea de Rut y Booz vino el primer ciudadano prominente de Belén: el rey David (Rut 4:21–22).

Al morir Booz, su hijo Obed heredó sus campos; después de la muerte de Obed la tierra paso a su hijo Isaí, el padre de David. En aquellos campos crecía cebada y trigo, y durante la época del templo judío, el grano de los campos de Belén se cosechaba y se utilizaba para hacer el pan en el templo, incluyendo el pan que se cocía para el propiciatorio. Siglos después, en un establo, el verdadero pan del cielo apareció en escena en el pueblo de Belén.

Belén era especial desde la época de Jacob. Su esposa Raquel murió y fue enterrada cerca de Belén después de haber dado a luz a su hijo Benjamín (Génesis 35:17–19). En tiempos de Josué, a la tribu de Judá se le dieron varias ciudades dentro de su territorio, incluida Belén (Josué 19:15). Belén también fue el lugar donde el profeta Miqueas predijo que el Gobernador de Israel vendría. Eso se entendió cuando, cuatrocientos años después, los tres magos llegaron a Jerusalén y le preguntaron a los estudiosos judíos acerca del lugar donde el Rey iba a nacer. Su respuesta fue Belén (Mateo 2:1–6).

Belén está situada a orillas del desierto de Judea. Cuando se sale de Belén y se cruza el desierto hacia el mar Muerto, uno se encuentra con las ruinas de una aldea que existió en tiempos de Cristo llamada Qumran. En la época de Cristo, un misterioso grupo de hombres, llamado esenios, vivía y estudiaba en esa comunidad en el desierto. Según los eruditos, ese grupo tenía un conocimiento detallado de la comida de la comunidad.

Comidas especiales entre los judíos

Algunos eruditos creen que el concepto de una "comida comunal" pudo haber tenido su origen con los esenios. Este apartado grupo de hombres es reconocido por preservar los famosos Rollos del mar Muerto en vasijas y esconderlas en cuevas para que generaciones futuras las recuperasen. Eran un grupo místico que creía en la futura redención de Israel y en un Mesías que llegaría y redimiría la nación de sus enemigos.

Según los eruditos, los esenios se lavaban en agua, se ponían sus vestiduras blancas y se reunían en asamblea. Ellos bendecían el pan y luego el vino. El vino era "suave y dulce, antes de que fermentara". El mismo procedimiento de bendición se sigue en nuestra Comunión. Los creyentes se reúnen, habiendo sido limpiados sus pecados y habiéndoseles dado vestiduras blancas (que representan la justificación de los santos), y bendicen el pan y el fruto de la vid. Lavarse en un *mik'vot* (similar a un baptisterio exterior) era un ritual importante entre los hombres en la comunidad. Es interesante que Jesús lavase los pies de sus discípulos en la Ultima Cena (Juan 13:4–15).

En el primer siglo también había un grupo de egipcios judíos ascéticos llamados Therapeutae (sanadores en griego). Ellos estaban establecidos cerca de Alejandría, en Egipto, y vivían una vida de separación similar a la de los esenios. El antiguo escritor Filo escribió sobre este grupo. Ellos pasaban la mayor parte de su tiempo en oración y estudio, y sólo leían la Torá, los profetas y los Salmos. Durante seis días vivían en soledad, sin dejar nunca la casa. El séptimo día, hombres y mujeres se reunían en un santuario dividido en dos donde comían una comida especial que consistía en agua de manantial y pan con sabor a hisopo o sal. El grupo evitaba el vino y la carne. Después de la comida, una vigilia sagrada continuaba hasta el amanecer.[1] Algunos eruditos creen que este grupo era una rama de los esenios en una era precristiana.

La comida de los esenios era considerada una figura de la última cena que se comería con el Mesías al final de los tiempos. Según los escritores del Nuevo Testamento, la Comunión esta muy relacionada con la comida de Pascua, llamada Seder, que es administrada por los judíos cada año para recordarles su liberación de la esclavitud egipcia.

Las Escrituras enseñan que la Comunión anuncia la muerte del Señor hasta que Él venga (1 Corintios 11:26). En la última cena de Pascua, Jesús tomó la cuarta copa, denominada la copa de consumación, y la llamó la "copa del reino". Después de todo, cuando Él regrese a buscar a la Iglesia y resucite a los muertos en Cristo, nos transportará al reino celestial donde participaremos de la cena de las bodas del Cordero, y Cristo consumará el matrimonio con su esposa (Apocalipsis 19:7–9). En la Última Cena, Jesús levantó la copa y dijo que no tomaría de esa copa otra vez hasta que la tomase con sus seguidores en el reino (Marcos 14:25). Aquella fue la última cena de Pascua que comió con sus discípulos, Sin embargo, a los creyentes se les recuerda su cena futura llamada la cena de bodas cada vez que comemos del pan y bebemos de la copa.

La Didaché y la Comunión

Uno de los manuscritos más antiguos que describen algunas de las primeras enseñanzas cristianas se llama la Didaché. El manuscrito, que fue descubierto en 1873, fue traducido en 1883. Los eruditos calculan que fue escrito aproximadamente entre el año 100 y 120 d.C., que es aproximadamente la misma época en el que el último libro del Nuevo Testamento, Apocalipsis, fue compilado por el apóstol Juan. No es simplemente otro pergamino o libro que alguien compiló, sino que realmente se consideraba parte de las pautas de enseñanza de la Iglesia primitiva.

La Didaché contiene varios conceptos importantes que se enseñaban en el primer siglo. La primera parte del manuscrito describe las "dos sendas de la vida y la muerte", que tratan de la conducta cristiana y la moralidad en la vida. Por ejemplo, está escrito: "No aborten un feto ni maten a un niño que ha nacido". Ordena que se ore el Padrenuestro tres veces al día, y también amonesta a los creyentes a ayunar dos veces a la semana: los miércoles y los viernes. Una interesante enseñanza tiene que ver con el bautismo en agua:

> En cuanto al bautismo, he aquí como hay que administrarlo: después de haber enseñado los anteriores preceptos, bautizad en el agua viva, en el nombre del Padre, del Hijo y del Espíritu Santo. Si no pudiere ser en el agua viva, puedes utilizar otra; si no pudieres hacerlo con agua fría, puedes servirte de agua caliente; si no tuvieres a mano ni una ni otra, echa tres veces agua sobre la cabeza, en el nombre del Padre, del Hijo y del Espíritu Santo.
>
> —DIDACHÉ 7:1–3

La Comunión también se menciona en la Didaché:

> Cuando os reuniéreis en el día del Señor, partid el pan, y para que el sacrificio sea puro, dad gracias después de haber confesado vuestros pecados. El que de entre vosotros estuviere enemistado con su amigo, que se aleje de la asamblea hasta que se haya reconciliado con él, a fin de no profanar vuestro sacrificio.
>
> —DIDACHÉ 14:1–2

Esta es la misma amonestación dada por Cristo, que un creyente no debiera intentar ofrecer algo en el altar hasta que primero se haya reconciliado con su hermano (Mateo 5:23–24). Cristo también enseñó que si un creyente no perdona las ofensas de su hermano, el que guarda rencor contra su hermano tampoco puede ser perdonado (Mateo 6:14–15).

Según la Didaché, se ofrecían las siguientes oraciones, primero sobre el vino, y después sobre el pan.

> Te damos gracias, oh Padre nuestro, por la santa viña de David, tu siervo, que nos ha dado a conocer por Jesús, tu servidor. A ti sea la gloria por los siglos de los siglos.
>
> —Didaché 9:2

> ¡Padre nuestro! Te damos gracias por la vida y por el conocimiento que nos has revelado por tu siervo, Jesús. ¡A ti sea la gloria por los siglos de los siglos! De la misma manera que este pan que partimos, estaba esparcido por las altas colinas, y ha sido juntado, te suplicamos, que de todas las extremidades de la tierra, reúnas a tu Iglesia en tu reino, porque te pertenece la gloria y el poder (que ejerces) por Jesucristo, en los siglos de los siglos.
>
> —Didaché 9:3–4

Se hacía una tercera oración al concluir la cena:

> A nosotros, por medio de tu servidor, nos has dado la gracia de un alimento y de una bebida espirituales y de la vida eterna... Reúne a tu iglesia de los cuatro vientos del cielo, porque ha sido santificada para el reino que le has preparado; porque a Ti solo pertenece el poder y la gloria por los siglos de los siglos.
>
> Ya que este mundo pasa, te pedimos que tu gracia venga sobre nosotros! ¡Hosanna al hijo de David! El que sea santificado, que se acerque, si no que se arrepienta. Maranatha ¡Amén!
>
> —Didaché 10:3, 5-6

Debieran establecerse varios puntos aquí. En primer lugar, observemos que David, y no Abraham, se menciona en dos de las tres oraciones. Puede deberse a que la promesa del Mesías era mediante el linaje de David. A Abraham se le prometió la tierra de Israel, pero a David se le prometió el reino del mundo venidero. Ya que la Comunión mira hacia el reino futuro, entonces David, como heredero del reino futuro, se mencionaba en las oraciones de Comunión.

En segundo lugar, en dos de las tres oraciones hay una petición de reunir a la Iglesia de los cuatro vientos. Este tema de reunir a la Iglesia fue revelado por el apóstol Pablo en 1 Tesalonicenses 4:16-17 y Efesios 1:9-10. Es el momento en que los muertos en Cristo serán levantados y los que quedan serán transformados de mortalidad a inmortalidad. ¡Juntos serán tomados para recibir al Señor en el aire! Pablo denomina a este acontecimiento "nuestra reunión con él [Cristo]" en 2 Tesalonicenses 2:1.

En la Última Cena, Cristo dijo que no comería ni bebería otra vez hasta que lo hiciera en su reino. Cristo les recordó a sus discípulos en cuanto a beber la copa en el reino futuro, y que recibir la Comunión es un recordatorio continuo del regreso del Rey, la resurrección de los muertos, el arrebatamiento de los santos y la reunión en el gran banquete en la ciudad celestial.

La tercera e interesante observación es la tercera oración y la palabra *Maranatha*. La misma palabra se encuentra en 1 Corintios 16:22, donde Pablo concluye su carta diciendo: "El que no amare al Señor Jesucristo, sea anatema [que significa maldito o separado]." Pablo entonces dice "Maranatha". Es una palabra aramea que significa "nuestro Señor viene". Como la palabra esta en arameo y no en hebreo o griego, algunos sugieren que fue inventada por los primeros cristianos como una clave para identificar a los verdaderos creyentes en tiempos de persecución

Las tres comidas del Sabbath

Aún hoy en día entre los judíos religiosos, el sabbath es un día muy importante. Dios estableció seis días para trabajar y el séptimo día para descansar (Génesis 2:2). Pablo enseñó que hay un eterno reposo (sabbath) para el pueblo de Dios en el que entraremos en el momento en que Cristo regrese (Hebreos 4:1–11). En ese momento participaremos de nuestra "cena de Sabbath", como se menciona en Apocalipsis 19:7.

Según los comentarios místicos judíos, hay tres comidas en el día de reposo:

> Por tanto, uno debe regocijarse por complete en estas comidas, y completar su número (tres en total), porque son comidas de la Fe perfecta, la Fe de la santa simiente de Israel, su Fe sobrenatural, la cual no es la de las naciones paganas.
>
> —Zohar 2, páginas 88 a–b

La tercera comida era identificada en el judaísmo primitivo como la "Santa comida del Anciano", o "la comida del Rey"; también denominada por los sabios judíos "la comida del Mesías". Esta tercera comida también se llamada "escoltar a la reina", la cual describe las festividades que concluyen el Sabbath judío.

Puede que se aluda a un ejemplo de esta tercera comida en Hechos 20. Pablo había ministrado en Troas por siete días, y al final de su tiempo allí (el Sabbath) predicó hasta la medianoche. Mientras las lámparas de aceite seguían encendidas hasta bien entrada la noche, un joven llamado Eutico, que estaba sentado en la orilla de una ventana, cayó al suelo desde un tercer piso. La caída mató al joven, pero Pablo oró por el y resucitó. Pablo regresó al aposento alto, donde partió el pan y comió. Pablo continuó hablando a los creyentes hasta el amanecer (Hechos 20:7–12).

Después de esta (tercera) comida, ¡Pablo siguió ministrando! Aquella era una actividad normal después de que se comía la tercera comida. La discusión final en la tercera comida con frecuencia apunta al regreso del Mesías y a la venida del reino. Por tanto, la tercera comida del Sabbath es una comida especial que identifica la Comida del Mesías.

La mesa del Señor y la reconciliación

Pablo se refiere a la Comunión como la "mesa del Señor" (1 Corintios 10:21). Probablemente, Pablo podría haber comparado esta mesa con el propiciatorio del templo. Esa mesa de oro tenía doce panes santos, uno por cada una de las doce tribus de Israel. Cada semana, a los sacerdotes se les permitía comer los doce panes de la mesa. Al mismo tiempo, otro grupo de sacerdotes cocinaba pan fresco para reemplazar el que se habían comido; y la semana siguiente se comía ese pan y se volvía a reemplazar.

La idea de la mesa del Señor está relacionada con el pan utilizado en la Comunión. Cristo dijo que Él era el pan que descendió del cielo, y nos enseñó que debemos comer su carne y beber su sangre para tener vida. Esto sólo puede referirse a la cena de Comunión, ¡o el alimento que sana!

Después de la destrucción de templo judío en el año 70 d.C., los judíos escribieron: "Mientras el templo estuvo de pie, el altar del templo expiaba a Israel, pero ahora la mesa de un hombre expía por él" (Talmud, Berakhoth 55a). El templo existía en tiempos de Cristo, y Él y sus discípulos subían a la casa santa para orar (Marcos 11:11; Hechos 3:1). Dones y ofrendas eran parte de la rutina diaria. Cristo dejó claro que, para que Dios bendijera un don, debe ofrecerse con un corazón puro y no manchado por contiendas ni falta de perdón.

Este fue el énfasis del apóstol Pablo cuando dijo que deberíamos examinarnos a nosotros mismos cuando estamos sentados con nuestros hermanos y hermanas a la mesa del Señor.

> Por tanto, pruébese cada uno a sí mismo, y coma así del pan, y beba de la copa.
>
> —1 CORINTIOS 11:28

Este autoexamen tiene como propósito examinar internamente nuestra relación con Dios y con los hombres. Desde que el altar de bronce ya no existe en el templo en Jerusalén, la mesa del Señor se convierte en el altar del examen. Debo seguir haciendo hincapié en que antes de recibir el pan y la copa, uno debe de arrepentirse delante de Dios y después arrepentirse y reconciliarse con sus hermanos.

La Comunión es un recordatorio de lo que Cristo ha hecho, de lo que puede hacer hoy (sanar y liberar continuamente), y un recordatorio del mundo venidero.

> Gocémonos y alegrémonos y démosle gloria; porque han llegado las bodas del Cordero, y su esposa se ha preparado. Y a ella se le ha concedido que se vista de lino fino, limpio y resplandeciente; porque el lino fino es las acciones justas de los santos. Y el ángel me dijo: Escribe: Bienaventurados los que son llamados a la cena de las bodas del Cordero. Y me dijo: Estas son palabras verdaderas de Dios.
>
> —APOCALIPSIS 19:7–9

EL CLÍMAX DE LA COMUNIÓN

En la Última Cena, el Cordero de Dios, el futuro Sacerdote del templo celestial, levantó el cáliz de plata y anunció que no tomaría de esa copa de nuevo hasta que llegara el reino futuro. En ese gran banquete celestial, cuando los santos vestidos de blanco se reúnan en el mayor salón de banquetes que jamás se haya conocido, el Mesías —el Novio— levantará nuevamente la copa de plata en el aire, ¡y sellaremos de una vez y para siempre el matrimonio de la novia y el Novio!

PARA REFLEXIONAR

1. Describa como la Comunión pudo haber sido observada por primera vez por los esenios.

 ____

 ____

 ____

2. ¿Qué amonestación da la Didaché concerniente a la observancia de la Comunión?

 ____

 ____

 ____

3. Cristo hizo referencia a "el alimento que sana", o Comunión, cuando se describió a sí mismo como "el pan que descendió del cielo", y nos enseñó que comamos de su carne y bebamos de su sangre para tener vida. El apóstol Pablo enseña a los creyentes: "Por tanto, pruébese cada uno a sí mismo, y coma así del pan, y beba de la copa" (1 Corintios 11:28). ¿Cuál es el propósito de este autoexamen antes de participar de la Comunión?

 ____

 ____

 ____

4. ¿Qué evento señalará el clímax de la Comunión de la manera como la conocemos?

 ____

 ____

 ____

Capítulo 12

Cómo recibir la Comunión

> Por tanto, pruébese cada uno a sí mismo, y coma así del pan, y beba de la copa.
>
> —1 Corintios 11:28

Caminar con Dios en el nuevo pacto debería mantener nuestra relación vertical con Dios en línea con la Palabra, y nuestra relación horizontal con los hombres en línea con la Palabra de Dios. Cuando una línea horizontal y una vertical se cortan, forman una cruz. Toda la redención, la liberación y la sanidad de la humanidad se forman en la cruz de Cristo.

Cuando recibimos la Comunión que representa la sangre y el cuerpo de Cristo, creo que hay un proceso importante de cuatro partes que deberíamos iniciar antes de recibir el alimento y luego continuar a la conclusión de esta.

Mirar al interior

Antes de recibir la Comunión, los creyentes deberían mirar al interior: a sus corazones y espíritus. Este autoexamen interior es para asegurar que no tenemos ningún pecado oculto o conocido en nuestra vida. La Biblia dice: "pruébese cada uno a sí mismo". La palabra griega para *probar o examinar* significa "obtener un resultado de una investigación".[1] Un autoexamen es como hacer una resonancia o unos rayos X de su mente y espíritu. Después de todo, lo que sale de la boca del hombre (de su corazón) es lo que contamina a la persona (Marcos 7:18–23).

Si su corazón siente que hay un sentimiento de culpa, entonces inmediatamente arrepiéntase y pídale a Dios que le perdone y le limpie. Este acto le mantendrá humilde ante Dios, así como puro en mente y espíritu. Como resultado, usted vivirá una vida más llena y más sana.

Mirar al exterior

Después de mirar hacia el interior, entonces mire hacia el exterior. ¿Hay pleitos, malentendidos o desacuerdos que hayan creado una grieta entre usted y algún miembro de su familia, amigo, o hermano creyente? Discierna cómo están sus relaciones con quienes le rodean. La vida no es perfecta, y a veces la gente tiene desacuerdos. La Biblia enseña que si tenemos alguna cosa contra un creyente, nuestros dones (ofrendas) no serán bendecidos hasta que primero vayamos a nuestro hermano o hermana en Cristo y hagamos restitución (enmendar):

> Por tanto, si traes tu ofrenda al altar, y allí te acuerdas de que tu hermano tiene algo contra ti, deja allí tu ofrenda delante del altar, y anda, reconcíliate primero con tu hermano, y entonces ven y presenta tu ofrenda.
>
> —Mateo 5:23–24

Restitución o reconciliación es el tema del nuevo pacto. Si Cristo nos perdonó, entonces deberíamos perdonar a otros.

Mirar hacia arriba

Mientras los creyentes comen del pan y beben de la copa, debieran meditar sobre la obra redentora terminada de Cristo, reconociendo que Él sufrió por nosotros y que por medio de su muerte y su resurrección podemos disfrutar de una expiación triple. Podemos ser salvos en espíritu, alma y cuerpo. Mientras miramos hacia arriba, a nuestro Sumo Sacerdote Jesucristo, deberíamos meditar sobre las bondades de Dios y su misericordia hacia nosotros.

Mirar hacia delante

Viva cada día con la expectativa de que cumplirá las tareas que Dios le haya encomendado y vivirá todos sus días. Aprópiese de la promesa del Salmo 91:16: "Lo saciaré de larga vida, y le mostraré mi salvación".

Uno de los grandes ministros de la fe fue Smith Wigglesworth. En su juventud Smith fue sanado, y enfatizó los dones de sanidad durante su largo ministerio. Aun en su época, él recibió la revelación de la Comunión diaria. Smith vivió hasta la edad de ochenta y siete años, y murió tranquilamente en una reunión en la iglesia. ¡Esta es la manera de irse! Vivir sus días asignados y, cuando esté listo para irse, ¡quedarse dormido en la tierra y despertarse en el cielo!

SIETE CONSIDERACIONES IMPORTANTES PARA LA COMUNIÓN

Hablemos del procedimiento para el servicio de Comunión.

El lugar

El lugar puede ser cualquier sitio en su casa donde pueda pasar algunos momentos de tiempo de calidad con el Señor. Tengo una oficina en casa, y en otras ocasiones recibo la Comunión en una pequeña mesa en la zona de nuestra cocina. Es importante tener una atmósfera y un rato en que no haya mucho ruido o distracción. Después de todo, ¡se esta acercando al Sumo Sacerdote en el templo celestial!

El pan

Yo le sugiero que compre una caja de pan judío de Pascua, pan matzo, en alguna tienda especializada. Pero si no es posible, entonces use galletas sin sal; si puede comprar algunas que no lleven levadura, es mejor. Pero si no es posible, use el pan que tenga disponible. Recuerde que una vez que el pan es bendecido, Dios reconoce lo que usted está haciendo.

El fruto de la vid

Yo personalmente creo que es mejor usar jugo de uva puro. Puede comprarse en cualquier tienda local. Muchos prefieren el jugo rojo como símbolo de la sangre de Cristo. De nuevo, cuando el jugo es bendecido se convierte en algo más que un simple jugo de uva.

La copa

Puede utilizarse cualquier copa, pero yo prefiero usar una copa especial de plata apartada sólo para la Comunión. Estas copas de plata pueden comprarse en varias tiendas. Mantenga la copa en un lugar especial y utilícela sólo para la Comunión. Algunas tiendas judías pueden proporcionarle estas copas; incluso nuestro ministerio tiene un kit portátil que se puede comprar cuando hay existencias.

El momento de recibirla

En tiempos del tabernáculo y los templos, se ofrecía un cordero en la mañana y otro en la tarde (Éxodo 29:38–39). Se denominaban el sacrificio de la mañana y de la tarde. La mañana es, normalmente, cuando una persona inicia sus actividades o el trabajo del día, mientras que la tarde es cuando se prepara para descansar en la noche. El altar del Señor era rociado con sangre del cordero en la mañana y en la tarde. Yo creo que es mejor recibir la Comunión en las mañanas, antes de comenzar el día y llegar a estar demasiado ocupados. Además, la primera cosa con que ocupemos nuestra mente en la mañana, generalmente marca el patrón del día completo.

La oración

A continuación tenemos el ejemplo de una oración que usted puede hacer. A medida que crezca en la gracia y el conocimiento de Dios, haga una oración sencilla desde su corazón.

> *Padre Celestial, te agradezco por mandar a tu hijo Jesucristo para redimir a la humanidad. Te agradezco que, por medio de los sufrimientos de Cristo, Él logró una redención triple para mi espíritu, mi mente y mi cuerpo. Hoy te pido que bendigas este pan que representa el cuerpo de Cristo. Bendice el fruto de la vid que representa su sangre preciosa.*
>
> *Padre, así como me has perdonado, yo perdono a aquellos que han pecado contra mí. Señor, perdono y libero a cualquiera que haya hecho algo contra mí, y te pido que examines mi espíritu y quites cualquier rastro de pecado o de desobediencia en mi vida. Hoy, yo libero de mi prisión mental a cualquiera que me haya herido de cualquier forma, y te pido que le bendigas y les ayudes espiritualmente.*

Padre, mientras recibo la Comunión, te pido que me des fortaleza y salud espiritual, emocional y física debido al nuevo pacto que fue sellado por medio de los sufrimientos de Cristo. Jesús llevó mis enfermedades, y por ello te pido que quites de mí lo que Cristo ya llevó por mí. Lo recibo por fe, y te doy toda la gloria y el honor en el nombre de Jesucristo. Amén.

Si usted recibe la Comunión como la primera cosa en la mañana, limpie su mente y su corazón de toda distracción y concéntrese plenamente en las maravillosas gracias de Dios. Ponga el jugo en la copa, tome un pedazo de pan en su mano, y con una oración propia bendiga el pan y la copa. Dé gracias a Dios por mandar a Jesucristo para redimirle.

Si tiene necesidad de sanidad, comience a citar la promesa: "por las llagas de Cristo soy curado". En oración, dígale al Señor que usted cree que la sangre de Cristo fue derramada por su expiación, incluyendo su sanidad física. Crea, mientras recibe la Comunión, que la vida de Cristo está actuando en su cuerpo, sacando toda enfermedad, mal o debilidad que esté entorpeciendo su vida.

Recuerde que esto no es una fórmula mágica, sino un momento sagrado entre usted y su Padre celestial. Si una persona no recibe la Comunión cada día, debería hacerlo al menos una vez a la semana. No permita que este acto se convierta en un rito religioso donde usted se olvide del significado.

El tiempo de adoración

Es bueno pasar unos momentos en adoración después de recibir la Comunión. Quizá le guste cantarle al Señor. Durante la Pascua judía, hay salmos especiales designados para ser cantados. La Biblia nos dice que, después de la última Cena, Cristo y sus discípulos cantaron un himno:

> Y os digo que desde ahora no beberé más de este fruto de la vid, hasta aquel día en que lo beba nuevo con vosotros en el reino de mi Padre. Y cuando hubieron cantado el himno, salieron al monte de los Olivos.
>
> —MATEO 26:29–30

Como era la época de la Pascua, Cristo pudo haber cantado himnos de los Salmos, tales como: "Este es el día que ha hecho el Señor, nos gozaremos y alegraremos en el" (Salmo 118:24). Para cantar desde su corazón al Señor, no necesita acompañamiento musical o el coro de la iglesia. Pablo escribió:

> No os embriaguéis con vino, en lo cual hay disolución; antes bien sed llenos del Espíritu, hablando entre vosotros con salmos, con himnos y cánticos espirituales, cantando y alabando al Señor en vuestros corazones;
>
> —Efesios 5:18–19

Los Salmos del Antiguo Testamento, que originalmente eran cantos, todavía se utilizan como cantos entre los judíos religiosos. El Espíritu Santo hace nacer cantos espirituales mientras usted está en su presencia. Son cantos que salen de su propio espíritu cuando está adorando en la presencia de Dios.

Al animarle a adorar, recuerdo a la mujer del Líbano que le pidió a Cristo que sanara a su hija enferma. Cristo le hizo saber que era una gentil y que Él era enviado a ministrar a Israel. Ella entonces comenzó a adorar (Mateo 15:21–28). Cristo no puede ignorar una adoración sincera. Él fue movido a compasión y mandó su palabra, y sanó a la hija. Ella fue sana en esa hora (v. 28).

Este sencillo proceso puede convertirse en parte de su rutina diaria de vida, y puede crear una importante ventana de tiempo para que usted pase tiempo con el Señor. También puede ser una gran bendición física, mental y espiritual para usted.

Consideraciones finales

Después de muchos años de ministerio de tiempo completo, he descubierto una clave importante para recibir del Señor. Toda verdad debe de ser procesada a través del intelecto, donde razonamos y pesamos la evidencia de lo que recibimos:

> Venid luego, dice Jehová, y estemos a cuenta.
>
> —Isaías 1:18

Para que una verdad espiritual impacte su vida, debe ser vivificada en su espíritu. Como el salmista dijo en una ocasión:

> Acuérdate de la palabra dada a tu siervo, en la cual me has hecho esperar. Ella es mi consuelo en mi aflicción, porque tu dicho me ha vivificado.
>
> —Salmo 119:49–50

La palabra "vivificado" significa "hacer vivo". Hay momentos en que usted escucha un mensaje de la Palabra de Dios y es intelectualmente motivado. En otras ocasiones, es alentado y bendecido. Hay ocasiones en que la Palabra de Dios penetra en su alma como una espada, y discierne sus pensamientos y las intenciones de su corazón (Hebreos 4:12). Y también están las ocasiones en que el mensaje que está escuchando, o el libro que esta leyendo, parecen hacerse vivo en su espíritu. Usted sabe cuándo sucede eso porque la información se transforma en revelación cuando los ojos de su entendimiento son abiertos (Efesios 1:18). La verdad parece resaltar de las páginas, y de repente usted puede sentir en su interior una fuerte convicción de que Dios se moverá a su favor.

La verdad espiritual que usted ha leído debe convertirse en algo más que un libro en sus manos para que ese mensaje impacte su vida. Debe vivificar su corazón y su espíritu. Cuando la Palabra de Dios escrita o hablada se hace viva y aviva su corazón, a eso se le llama una palabra *rhema*. La palabra *rhema* es uno de los términos griegos traducidos en el Nuevo Testamento como "Palabra de Dios". Dos ejemplos en que la palabra *rhema* se traduce como Palabra de Dios son:

> Así que la fe es por el oír, y el oír, por la palabra (*rhema*) de Dios.
>
> —Romanos 10:17

> Y tomad el yelmo de la salvación, y la espada del Espíritu, que es la palabra (*rhema*) de Dios
>
> —Efesios 6:17

Una vez que la Palabra de Dios pasa de ser un razonamiento intelectual a ser una palabra viva y que vivifica su espíritu, ¡entonces entrará la fe en su espíritu! Usted es capaz de creer lo que Dios ha hablado y responder a su Palabra en fe. Esto me ha sucedido personalmente en varias ocasiones. Estuve orando por varios meses por dirección en mi ministerio, y durante un servicio especial en Ohio, el Espíritu Santo vivificó mi espíritu para actuar en fe, y en obediencia, el Señor supliría las necesidades de nuestro ministerio. Actué en fe y Él suplió las necesidades.

Quiero enfatizar otra vez que el concepto de Comunión es bíblico y debe practicarse si está o no esta enferma físicamente la persona. Si usted va a una iglesia donde se ofrece la Comunión, entonces por todos los medios reciba el bendito Sacramento. Examine su relación con Dios y con el hombre y arrepiéntase delante de ambos si es necesario.

En el judaísmo se hace una distinción entre los pecados cometidos contra Dios y los pecados cometidos contra el hombre. Esto queda claro en los sacrificios del Antiguo Testamento. Una ofrenda era conocida como ofrenda por el pecado, y otra era marcada como ofrenda por la culpa. La ofrenda por el pecado era un sacrificio que se hacía cuando uno pecaba contra de la Palabra de Dios; sin embargo, la ofrenda por la culpa se hacía como forma de restitución cuando una persona pecaba contra otra. La persona culpable no sólo iba delante de Dios a pedir perdón, sino que también iba delante de la persona contra la que había pecado. Por eso Jesús dijo:

> Por tanto, si traes tu ofrenda al altar, y allí te acuerdas de que tu hermano tiene algo contra ti, deja allí tu ofrenda delante del altar, y anda, reconcíliate primero con tu hermano, y entonces ven y presenta tu ofrenda.
>
> —Mateo 5:23–24

Al igual que Jesús diría: "Otra vez os digo" (Mateo 19:24), quiero recordarle que uno de los mayores estorbos para la sanidad es la falta de perdón y las contiendas. Nunca recibirá su sanidad completa si usted permite que pleitos y contiendas gobiernen su vida. Tanto mi padre como yo hemos visto a personas recibir respuestas maravillosas a sus oraciones después de comenzar a confesar sus faltas y perdonar a aquellos que les habían hecho mal (Santiago 5:16).

En conclusión, hago hincapié en una limpieza interior por medio del arrepentimiento porque no quiero ver que este poderoso pacto de sanidad por medio de la Cena del Señor se anule y quede vacío debido a un pecado o una actitud oculta que no hayan sido confesados y abandonados. Además, quiero decir otra vez que esto no es magia, ni tampoco una medicina. Cada persona debe juzgar esta enseñaza en su propio espíritu y actuar en consecuencia. Ya sea que recibamos la Comunión diariamente, semanalmente o mensualmente, debemos hacerlo en un espíritu de entendimiento y fe. Ninguno de nosotros tiene garantizada la vida mañana, pero creo que es bíblico que podamos vivir nuestros días asignados y después partir en paz. *El alimento que sana* le da la revelación bíblica que Dios ha establecido para ayudarle a hacer precisamente eso.

Para reflexionar

1. 1. ¿Cuál es el propósito de que se den cada uno de los siguientes pasos durante el periodo de autoexamen antes de la Comunión?

   a. Mirar al interior

   ____

   ____

   b. Mirar al exterior

   ____

   ____

   c. Mirar hacia arriba

   ____

   ____

   d. Mirar hacia delante

   ____

   ____

2. Haga una breve descripción de cada uno de los siguientes pasos del proceso de tomar la Comunión.

   a. El lugar

   ____

   ____

   b. El pan

   ____

   ____

   c. El fruto de la vid

   ____

   ____

d. La copa

____

____

e. El momento de recibirla

____

____

f. La oración

____

____

g. El tiempo de adoración

____

____

3. ¿Qué revelación bíblica ha recibido usted al leer este libro que le ayudará a establecer la práctica de recibir la Comunión regularmente?

____

____

____

Capítulo 13

Respuestas a sus preguntas sobre la Comunión diaria

> Y si alguno de vosotros tiene falta de sabiduría, pídala a Dios, el cual da a todos abundantemente y sin reproche, y le será dada.
>
> —Santiago 1:5

Pregunta: *¿Puedo forzar a alguien a recibir la Comunión y si la persona no cree que tiene el poder de traer sanidad? ¿Sanará el Señor a alguien que no crea que es posible ser sanado por el poder de Dios?*

Respuesta: Algunos cristianos sólo entienden el componente de la salvación que se encuentra en la expiación y no creen en ninguna forma de sanidad, especialmente la sanidad física. Todas las bendiciones del nuevo pacto operan por medio de la fe. La salvación se recibe por fe. El bautismo del Espíritu Santo se recibe por fe. La sanidad también se recibe por fe. Cada promesa del nuevo pacto es liberada por la fe de la persona en esa promesa. La Biblia dice:

> Porque también a nosotros se nos ha anunciado la buena nueva como a ellos; pero no les aprovechó el oír la palabra, por no ir acompañada de fe en los que la oyeron. Pero los que hemos creído entramos en el reposo.
>
> —Hebreos 4:2–3

La Palabra debe mezclarse con fe. En Nazaret, Cristo no pudo hacer grandes milagros a causa de su incredulidad (Mateo 13:58). Respondiendo a su pregunta, no podemos forzar a una persona a aceptar a Cristo, no podemos forzarla a ser bautizada en agua, y no podemos forzarla a recibir el bautismo del Espíritu Santo. La fe implica el libre albedrío de cada persona; por tanto, no puede forzar a una persona a recibir la Comunión y, en realidad, no debería hacerlo porque la recibiría indignamente.

Pregunta: *Mi pastor me dijo que sólo a un ministro ordenado le es permitido ministrar la cena del Señor, y me dijo que la enseñanza de la Comunión diaria no era bíblica.*

Respuesta: Yo creo que hemos demostrado con las Escrituras y la Historia que no solamente es bíblico, sino que también era común en el primer siglo; sin embargo, después se perdió por las tradiciones de los hombres. En una reunión de la iglesia local es verdad que el ministro (un pastor o sacerdote) que supervisa la reunión debería realizar el servicio. Sin embargo, tenga en cuenta que los verdaderos creyentes son un reino de sacerdotes, y nuestros cuerpos ahora son templos del Espíritu Santo. Nuestras casas son santuarios en miniatura donde habita la presencia del Señor; por tanto, la Comunión en nuestra casa es parte de nuestro tiempo de intimidad con Cristo.

Pregunta: *Le di la Comunión a mi padre de setenta y cinco años y, aun así, murió. ¿Qué fue mal?*

Respuesta: Su padre tenía setenta y cinco años de edad y, según la Escritura, se nos dice que podemos vivir hasta setenta años, y según nuestra fortaleza, ochenta. No estamos limitados sólo a ochenta años, y podemos vivir una vida plena y completa viendo a nuestros hijos y nietos. Sin embargo, todos en algún punto debemos pasar de esta vida e ir a estar con el Señor. Por tanto, ni la Comunión puede mantener a una persona viva eternamente o evitar la muerte que nos llevará a nuestro hogar. Por ejemplo, el profeta Eliseo recibió una doble porción de la unción de Elías, y aun así, cayó enfermo y murió (2 Reyes 13:14). Si una persona ha hecho todo lo posible por ser sanada, pero aun así muere, debemos confiar en el Señor y saber que ese fue el tiempo de Él para esa persona.

Pregunta: *He notado que algunas de las iglesias más tradicionales usan vino con alcohol en la Comunión, mientras que otras usan jugo de uva. ¿Por qué sucede esto? ¿Y realmente debería importar?*

Respuesta: Parte de la razón de esta diferencia es la creencia de las iglesias en relación con el consumo de alcohol. Muchas de las iglesias tradicionales han utilizado vino fermentado por siglos; sin embargo, muchas de las iglesias del evangelio completo y de las denominaciones pentecostales utilizan jugo de uva. En parte se debe a su enseñanza de que un creyente debería abstenerse de beber alcohol en cualquier forma.

Cuando Jesús levantó la copa e instituyó el nuevo pacto, Él llamo a la copa "el fruto de la vid". Como se ha establecido anteriormente, según fuentes históricas judías, cuando se utilizaba vino en la Pascua, la copa se mezclaba con tres partes de agua y una de vino para asegurar que el nivel de alcohol fuera reducido al punto de no tener impacto en la persona que tomaba el vino.

Jesucristo no tuvo pecado. En la Biblia, el pan normal tiene levadura y el vino que reposa por mucho tiempo fermenta. En la Escritura, la levadura representa el pecado. El pan en la Pascua y en la Comunión no tiene levadura porque Cristo no tuvo pecado. La fermentación ocurre en el vino cuando el jugo comienza a descomponerse y entra una bacteria. El vino fermentado ha pasado por ese proceso de deterioro. Como el fruto de la vid es una imagen de la sangre de Cristo, y la sangre de Cristo era pura y no tenía la naturaleza pecadora de Adán, yo creo que es preferible usar jugo de uva. Creo que el jugo es una mejor representación de la pureza de la sangre sin pecado de Cristo.

Pregunta: *¿Qué tipo de pan debería utilizarse en la Comunión? Veo que algunas iglesias una pequeña oblea redonda, otras galletas y otras pan. ¿Hay algún tipo de pan que sea mejor que los demás?*

Respuesta: Por conveniencia, una congregación local regularmente utilizará jugo de uva y obleas preempaquetadas. Otras usan obleas grandes, y otras ofrecen pedazos de pan. Existe un punto importante. Cualquier tipo de pan u oblea que se utilice no debe tener levadura, porque la levadura representa el pecado, y Cristo fue un sacrificio perfecto y sin pecado.

Para la Pascua, el pueblo judío utilizaba un pan especial llamado matzo. Como hemos dicho, el pan matzo es una imagen perfecta de los sufrimientos que afectaron al cuerpo físico de Cristo. Este pan puede comprarse en muchas de las cadenas de tiendas en los Estados Unidos. Yo tengo una caja de este pan en casa y en mi oficina.

Si usted no puede conseguir este pan, entonces use el que tenga a la mano y bendígalo antes de tomarlo. En su oración, hable al Señor y dígale que usted está reconociendo ese pan como el precioso cuerpo del Señor. El Señor entiende cada situación, y las limitaciones que los creyentes pueden experimentar. Por ejemplo, en un país islámico usted no puede encontrar el pan judío, pero puede encontrar otros tipos de pan, o una persona puede cocinar su propio pan sin levadura y apartarlo para la Comunión. Recuerde que su fe y la sinceridad de su corazón es lo que Dios honra.

Pregunta: *Soy prisionero, y no puedo obtener jugo de uva para la Comunión y es imposible conseguir pan judío. Aún así, quiero recibir la comunión. ¿Honrará el Señor mi fe aunque no pueda conseguir el pan y el vino?*

Respuesta: Su pregunta me recuerda un comentario en la Didaché relacionado con el bautismo en agua. Afirma que si un creyente no puede ser bautizado en agua, entonces vierta agua sobre la cabeza tres veces, en el nombre del Padre, del Hijo y del Espíritu Santo. Eso se escribió para una persona que no pudiera salir de su casa o que pudiera vivir donde no hubiera agua para un bautismo (como un desierto o una montaña remota). Una vez tuve a dos individuos en nuestro viaje a Tierra Santa, quienes, por razones médicas, no podían sumergirse en el agua fría para ser bautizados. Les cité la Didaché, que se utilizaba en la Iglesia primitiva, y vertí agua sobre ellos en la forma citada anteriormente; ellos lloraron y nos regocijamos juntos.

El punto es que puede haber una persona mayor que no puede salir de casa, así que había una opción disponible basada en circunstancias extremas. En la prisión, usted no puede obtener los elementos requeridos para la Comunión; pero si Jesús pudo convertir el agua en vino, entonces un prisionero puede usar simplemente agua y un pedazo de pan. De nuevo, es la intención del corazón la que conmueve a Dios.

Pregunta: *¿No cree usted que si una persona recibe la Comunión con demasiada frecuencia, se convertirá en algo muy común y pronto perderá su efecto?*

Respuesta: Esta es una preocupación que he oído a algunas personas expresar. Pero es como decir que si leo la Biblia con demasiada frecuencia, me cansaré de las Escrituras, o que si yo oro mucho, podría perder el enfoque de la importancia de la oración. Una persona que ama a Cristo nunca temerá que pasar mucho tiempo con Él (incluyendo recibir la Comunión) pueda, de alguna manera, causar que uno sea indiferente a ello; al menos, no cuando entiende el poder de la intimidad con Cristo por medio del pan y la copa.

Pregunta: *¿Qué edad debería tener una persona para que se le permita recibir la Comunión?*

Respuesta: Esto se puede responder preguntando: ¿qué edad debería tener una persona para recibir a Cristo como su Salvador personal? Los niños se veían atraídos a Jesús, y Él tomaba tiempo para pasarlo con ellos, y hasta los bendecía por medio de sus oraciones. Cada niño madura a diferentes niveles; algunos son más sensibles que otros espiritualmente y tienden a recibir el evangelio más fácilmente y aceptar a Cristo a edades más tempranas.

Una vez que el niño pueda entender el sencillo plan de salvación y comprender el propósito de la Comunión, yo creo que es un buen candidato para recibirla. Mi hijo y mi hija recibieron la Comunión aproximadamente a los cinco años de edad en nuestra casa en Año Nuevo. Nos aseguramos de que habían recibido a Cristo y entendían la muerte, sepultura y resurrección de Cristo.

Algunos sugieren (como lo hace la Didaché) que una persona debiera ser bautizada en agua antes de recibir la Cena del Señor, ya que el bautismo en agua es la señal pública de que una persona ha recibido a Cristo como su Salvador.

Pregunta: *¿Debería una persona recibir la Comunión si sabe con certeza que está viviendo una vida de pecado oculto? ¿A esto se refiere el recibirla indignamente?*

Respuesta: Recuerdo que, cuando era niño, y mi padre pastoreaba iglesias locales, anunciaba que la congregación recibiría la Comunión el siguiente domingo. Era sorprendente ver que muchos miembros de la iglesia no asistían. Algunos decían: "Bueno, predicador, puede que no esté viviendo como debería, así que no voy a tomar la Cena del Señor y hacerlo indignamente, acarreándome problemas".

Nunca entendí su forma de pensar. Si ellos se sentían indignos de tomar la Comunión por algún pecado, ¿entonces por qué no sacaban el pecado de sus vidas y recibían la Comunión? Ellos hacían lo correcto al juzgarse a sí mismos, pero se condenaban por su propio autoexamen. El propósito de la autoevaluación es mirar hacia el interior y quitar el pecado, para que su corazón esté bien delante de Dios. A mí me parecía que no lo comprendían y, definitivamente, perdían la bendición.

Como seres humanos con capacidad de pecar, ninguno de nosotros es digno en sí mismo de recibir el favor y la gracia del Señor. Es por la preciosa sangre de Jesús que somos hechos dignos de recibir cualquier bendición del Señor.

Pregunta: *¿Cuándo recibe usted personalmente la Comunión? ¿Existe un momento específico del día, semana o mes?*

Respuesta: Yo recibo la Comunión especialmente cuando estoy sintiendo una guerra espiritual, cuando siento que necesito más tiempo de intimidad con Dios, o si me enfrento a un ataque físico contra mi cuerpo. Algunas veces la recibo en la oficina y otras en casa. Mi esposa y yo también la recibimos en la iglesia local a la que asistimos. Yo sugeriría que todos aquellos que tengan una enfermedad, reciban la Comunión, si es posible, diariamente.

Si usted va a un doctor y este le prescribe un medicamento que tiene que tomar diariamente durante un año porque eso le ayudará, usted toma la receta, va a una farmacia a comprar la medicina, y toma el medicamento de acuerdo a las instrucciones del doctor. Si usted se encuentra con dificultades físicas, considero que tomar la Comunión diariamente es importante. Hágalo de la misma manera en que lo haría si el médico le prescribiera algún medicamento.

Pregunta: *Si estoy enfermo y creo que el Señor sanará mi cuerpo, ¿sucederá instantáneamente o gradualmente? ¿Cómo sabré si estoy sano? ¿Cómo puedo confirmarlo?*

Respuesta: Puede ser instantáneamente o gradualmente. Yo les digo a las personas que no dejen de tomar ninguna medicina hasta que el médico les diga que están libres de la enfermedad o que ya no necesitan más la medicina. La mayoría de las personas sabrá que se ha producido la sanidad porque los síntomas habrán desaparecido o la sanidad será confirmada por un chequeo médico.

Cuando Cristo sanó a ciertos individuos, les dijo que fueran al templo y se presentaran a los sacerdotes. En tiempos de Cristo, los sacerdotes estaban instruidos y bien informados en cuanto a cómo determinar si una persona (como un leproso) había sido curada de su enfermedad. Una vez que las personas habían sido declaradas sanas, regresaban a su casa con su familia, y les era permitido regresar a la vida pública.

Algunas veces usted sabrá que ha sido sanado. Sin embargo, las pruebas médicas son necesarias en ocasiones para confirmar que la sanidad ha ocurrido. No es falta de fe ser examinado por un médico para probar que ha habido un cambio positivo en su situación.

Pregunta: *Mi familia cree que recibir la Comunión en casa es un nuevo tipo de secta religiosa que está surgiendo. Son muy tradicionales. ¿Cómo puedo convencerlos de que no es así?*

Respuesta: Si ellos leen este libro con la mente abierta y examinan cuidadosamente la información detallada, creo que les ayudará a entender el concepto. Recuerde: siempre que una verdad ha sido ignorada o suprimida en el pasado y fue rescatada por la Iglesia, la verdad era aceptada por algunos y rechazada por otros. Finalmente, a medida que el mensaje se difundía y se enseñaba, los ojos de los hombres y las mujeres eran abiertos y recibían la verdad y eran bendecidos por la revelación.

Una persona no puede forzar a otra a creer y aceptar ninguna verdad de las Escrituras. Sin embargo, podemos caminar en la luz y vivir la vida demostrando que la verdad funciona.

Para reflexionar

1. ¿Qué preguntas adicionales tiene usted relacionadas con el pacto de la Comunión?

 ____

 ____

 ____

2. ¿Cómo tratará de obtener respuesta a sus preguntas?

 ____

 ____

 ____

CAPÍTULO 14

¿POR QUÉ TENDRÍA USTED QUE MORIR ANTES DE SU TIEMPO?

> No hagas mucho mal, ni seas insensato; ¿por qué habrás de morir antes de tu tiempo?
>
> —ECLESIASTÉS 7:17

UNO DE LOS NOMBRES HEBREOS de Dios, Jehová Rafa, indica el plan de Dios para sanar a su pueblo. A lo largo del Antiguo y el Nuevo Testamento se hicieron sanidades, y por las llagas de Cristo podemos ser sanados. Con esa evidencia de la voluntad y capacidad de Dios para sanar a los enfermos, ¿por qué hay tantos cristianos que no se sumergen en las refrescantes corrientes del pacto de sanidad de Dios?

¿Por qué hay muchos cristianos que mueren antes de cumplir la promesa de la Escritura de una larga vida? Esta ha sido una pregunta muy desconcertante, aun entre los teólogos del evangelio completo.

En dos partes, trataré de dar algunas respuestas a esta desconcertante pregunta. La primera parte tratará de las razones por las cuales algunos creyentes piadosos y entregados puede que se encuentren con una muerte prematura, y la segunda sección cubrirá el aspecto del mayor obstáculo para recibir su sanidad.

Todos entendemos que la muerte es parte de la vida. Si Cristo no regresa mientras tengamos vida, todos entraremos por las puertas de la muerte; sin embargo, nuestra meta debería ser vivir lo máximo que podamos. En la Escritura podemos ver que José vivió lo suficiente para ver a los hijos de su hijo Efraín de la tercera generación (Génesis 50:23). Job vivió para ver a sus hijos, los hijos de sus hijos, y hasta la cuarta generación (Job 42:16). Proverbios 3:2 revela: "Porque largura de días y años de vida y paz te aumentarán". Sin embargo, algunas personas, incluso algunos buenos cristianos, mueren en accidentes, crímenes o enfermedades. Salomón hizo una afirmación interesante cuando dijo: "No hagas mucho mal, ni seas insensato; ¿por qué habrás de morir antes de tu tiempo?" (Eclesiastés 7:17).

Es posible que una persona sufra una muerte prematura. Parafraseando la declaración de Salomón: "No te impliques en la maldad ni hagas cosas insensatas que puedan causar que mueras antes de tiempo". Sabemos que el alcohol, las drogas, comer en exceso, comer comida mala o participar en actos peligrosos pueden situar una señal de callejón sin salida en el camino de la vida. Muchos adolescentes han tomado atajos hacia su cita final al participar en conductas necias, o por estar con las personas equivocadas, en el lugar equivocado y en el momento equivocado. Todos hemos sabido de alguien que vivió una vida pura y piadosa y que murió por una terrible enfermedad o en un accidente inesperado. Cuando pensamos en el porqué la vida de alguien fue tan corta, se plantean muchas preguntas que son difíciles de contestar.

Las generaciones previas al Diluvio

La intención de Dios era que el hombre viviera una vida larga y feliz. Esto queda claro cuando examinamos los nombres de las genealogías de los primeros diez hombres justos en la Biblia. Moisés registró sus nombres y reveló los años que vivió cada uno. Antes del Diluvio, las primeras diez generaciones de hombres justos, desde Adán hasta Noé, vivieron vidas muy largas.

- Adán vivió 930 años (Génesis 5:5).
- Set vivió 912 años (Génesis 5:8).
- Enós vivió 905 años (Génesis 5:11).
- Cainán vivió 910 años (Génesis 5:14).
- Mahalaleel vivió 895 años (Génesis 5:17).
- Jared vivió 962 años (Génesis 5:20).
- Enoc vivió 365 años (Génesis 5:23).

- Matusalén vivió 969 años (Génesis 5:27).
- Lamec vivió 777 años (Génesis 5:31).
- Noé vivió 950 años (Génesis 9:29).

Existen numerosas teorías con respecto al secreto de su longevidad. Algunos sugieren que había una bóveda especial que cubría la tierra y que fue destruida durante el Diluvio. Otros creen que el agua subterránea que tomaban los hombres era vigorizante; así, rejuvenecía las células del flujo sanguíneo renovando el cuerpo.

Otros sugieren que la maldad y el pecado continuo de los hombres provocaron que Dios redujera el número de años de vida de la humanidad. El Diluvio lo causó Dios a causa de la maldad, la violencia y malas imaginaciones de los hombres (Génesis 6:11–13). Los hombres antes del Diluvio vivieron durante cientos de años. ¿Qué pasaría si hoy la gente viviera tantos años? Un hombre justo podría impartir enseñanzas rectas a generaciones de personas. Un hombre malvado como Adolfo Hitler podría utilizar sus años adicionales para crear armas de destrucción masiva y difundir su odio por los judíos hasta que este pueblo fuese completamente destruido. Después del Diluvio hubo una significativa reducción en el número de años que vivían las personas.

La generación post Diluvio

Después del Diluvio mundial, las siguientes diez generaciones experimentaron una disminución en el número de años que vivieron. La muerte llegó a ellos mucho antes que a sus antepasados anteriores. Esto es lo que muestran los registros:

- Sem vivió 600 años (Génesis 11:10–11).
- Arfaxad vivió 438 (Génesis 11:12–13).
- Sala vivió 433 años (Génesis 11:14–15).
- Heber vivió 464 años (Génesis 11:16–17).
- Peleg vivió 239 años (Génesis 11:18–19).
- Reu vivió 239 años (Génesis 11:20–21).

- Serug vivió 230 años (Génesis 11:22–23).
- Nacor vivió 148 años (Génesis 11:24–25).
- Taré vivió 205 años (Génesis 11:32).
- Abraham vivió 175 años (Génesis 25:7).

El número total de años de las primeras diez generaciones está por encima de ocho mil años. El número combinado de años de la siguiente generación está ligeramente por encima de tres mil. Este patrón de reducción del tiempo del hombre en la tierra continuó con las siguientes diez generaciones, comenzando con los descendientes de Abraham. El hijo de Abraham, Isaac, vivió 180 años (Génesis 35:28). José, el hijo de Jacob, vivió 110 años (Génesis 50:26). Después de José, la Biblia deja de registrar la edad de los hijos de Jacob cuando murieron en Egipto. Sí sabemos que, muchos años después, Moisés murió a la edad de 120 años (Deuteronomio 34:7). La Escritura revela la promesa final de Dios de cuánto puede tiempo podría vivir el hombre:

> Los días de nuestra edad son setenta años; y si en los más robustos son ochenta años, con todo, su fortaleza es molestia y trabajo, porque pronto pasan, y volamos.
>
> —Salmo 90:10

En resumen, la Biblia registra que, desde Adán a Noé, los hombres vivían hasta 969 años. Después del Diluvio, el lapso de vida del hombre fue reducido de 600 años (Noé) a 175 años (Abraham). Cientos de años después de Abraham, Moisés murió a los 120 años (Deuteronomio 34:7). Moisés escribió que los días del hombre son ahora 70 años, y que quienes tienen más fortaleza pueden llegar hasta los 80 años. Algunos viven más allá de los 80, ya que 80 no es un número final sino un número en términos generales. Vivir al menos 80 años permite a una persona promedio tener hijos, ver a sus nietos y hasta a sus biznietos.

Las promesas de larga vida

La Palabra de Dios les ha dado a los creyentes varias promesas de una vida larga y plena.

> Lo saciaré de larga vida, y le mostraré mi salvación.
>
> —Salmo 91:16

> Porque largura de días y años de vida y paz te aumentarán.
>
> —Proverbios 3:2

> Oye, hijo mío, y recibe mis razones, y se te multiplicarán años de vida.
>
> —Proverbios 4:10

> El temor de Jehová es el principio de la sabiduría, y el conocimiento del Santísimo es la inteligencia. Porque por mí se aumentarán tus días, y años de vida se te añadirán.
>
> —Proverbios 9:10–11

Por qué algunos no obtienen estas promesas

Aun con estos maravillosos pasajes de larga vida, todos hemos sabido de buenos cristianos que nunca alcanzaron estas promesas. Algunas veces debido a que algo inesperado ha ocurrido; por ejemplo, una pareja joven se casó y, de repente, la esposa contrajo una enfermedad terminal que acabó con su vida. O un grupo de mineros murió de repente mientras trabajaba en una mina de carbón. Quizá un niño partió en un inesperado y trágico accidente. En algunos casos, misioneros que trabajaban para el reino de Dios fueron asesinados por las personas a las que intentaban alcanzar.

A lo largo de los años, algunos de los destacados ministros en el Cuerpo de Cristo han experimentado el dolor de ver a sus propios hijos morir en un accidente. Yo sé de cinco ministros reconocidos mundialmente cuyos hijos murieron en accidentes. Ninguno murió por alguna enfermedad, sino por accidentes de avión o de automóvil, tragedias relacionadas con el trabajo, intentos de robarles el auto, y tiroteos de pandillas. Estas tragedias plantean preguntas en las mentes de las familias y los amigos cercanos, tales como: "¿Por qué Dios permite que hijos de un hombre o una mujer de Dios mueran a una edad tan temprana? ¿Existe alguna respuesta a esta pregunta?

Una visitación asombrosa

Hace varios años un querido amigo, el pastor Walter Hallam, de La Marque, Texas, experimentó una tragedia que le rompió el corazón cuando su preciosa hija de diecisiete años partió de esta tierra en un accidente aéreo. Walter compartió que tenía gran tristeza en su corazón, y que tenía muchas preguntas concernientes a su muerte. Como cualquier padre, él sentía que era injusto que Dios hubiera permitido que su hija, una adolescente con unción que servía como pastor de jóvenes y operaba en los dones del Espíritu, fuera llevada a tan corta edad. Después de cuarenta días de mucha tristeza y preguntas, el Señor se apareció a Walter una mañana temprano en su habitación y comenzó a compartir con él una de las más asombrosas revelaciones que jamás había escuchado. Eso ayudó a contestar varias preguntas que había en su corazón.*

Walter le había recordado al Señor que no era justo que su hija de diecisiete años hubiera partido. Lo primero que Cristo le dijo fue que tres de sus mejores hombres murieron por circunstancias trágicas, y que eso tampoco fue justo. Cristo le recordó a Walter que Santiago y Juan el Bautista fueron decapitados, y que Esteban fue apedreado. Cristo dijo: "no fue justo". A medida que Cristo continuó un detallado discurso con Walter, le habló de cuatro historias registradas en el capítulo 13 de Lucas. Usando esas historias, Cristo reveló cuatro razones por las cuales algunas personas mueren.

La primera historia la encontramos en Lucas 13:1–2:

> Había en esa época algunos que le dijeron de los galileos cuya sangre Pilato había mezclado con la sangre de ellos. Y respondiendo Jesús les dijo: ¿Suponen ustedes que estos Galileos eran más pecadores que todos los demás Galileos porque ellos sufrieron esto?

En la Historia, mientras algunos galileos estaban haciendo un sacrificio, Pilato dio órdenes de matarlos. Josefo enseñaba que los galileos eran malvados y les gustaba pelear. Sin embargo, Jesús le preguntó a la gente de su tiempo: "¿Eran ellos más pecadores que otros pecadores?". La respuesta fue no. Ellos no murieron porque fueran pecadores; murieron por causa de Pilato. Jesús le reveló a Walter que mucha gente muere por causa de sectas y falsas

* Quiero agradecer al pastor Walter Hallam, del Centro Cristiano Vida Abundante, La Marque, Texas, por su autorización para compartir esta historia. Se puede contactar con el pastor Hallam vía e-mail: pastor@alcc.org.

religiones. Por ejemplo, los seguidores radicales del islam han decapitado a algunos cristianos por su fe. Algunos creyentes han muerto quemados a manos de hindúes radicales. Las sectas y las religiones falsas se han llevado la vida de gente joven por todo el mundo.

La segunda historia de Lucas 13 que Cristo relató fue la siguiente:

> O aquellos dieciocho sobre los cuales cayó la torre en Siloé, y los mató, ¿pensáis que eran más culpables que todos los hombres que habitan en Jerusalén?
>
> —LUCAS 13:4

Según la Historia, el parque de Siloé estaba situado al sur del templo de Jerusalén. Es donde el hombre ciego de Juan 9:7 fue sanado. En el relato (y en la Historia), al parecer una gran torre que fue construida cerca del estanque, de repente se derrumbó y mató a dieciocho personas inocentes que simplemente se estaban refrescando en las frescas aguas de ese famoso estanque.

Usando ese ejemplo, Jesús le dijo a Walter: "Hay algunas personas que mueren por causa de accidentes, o por casualidad, porque vivimos en un reino caído. Desde que Adán y Eva pecaron en el huerto de Edén, la maldición ha estado en operación en la tierra. Debido a que ahora vivimos en un mundo caído o maldito, pueden ocurrir accidentes". En ese punto, el Señor habló al pastor Hallam acerca del término *por casualidad.* Significa: "inadvertidamente o por accidente".

Cristo reveló una tercera razón:

> Dijo también esta parábola: Tenía un hombre una higuera plantada en su viña, y vino a buscar fruto en ella, y no lo halló. Y dijo al viñador: He aquí, hace tres años que vengo a buscar fruto en esta higuera, y no lo hallo; córtala; ¿para qué inutiliza también la tierra? Él entonces, respondiendo, le dijo: Señor, déjala todavía este año, hasta que yo cave alrededor de ella, y la abone. Y si diere fruto, bien; y si no, la cortarás después.
>
> —LUCAS 13:6–9

En este pasaje de la Escritura, Jesús hizo hincapié en llevar fruto y en la importancia de ser diligente en el trabajo. Como el sirviente no había cavado y abonado la tierra, que era su tarea, el árbol no tenía fruto, por lo que fue cortado. En ese punto, el Señor le recordó al pastor Hallam pasajes en el libro de Proverbios y Salmos que hablan acerca de la diligencia en el trabajo. Entonces le dijo al pastor Hallam: "Cuando los hombres no realizan su trabajo correctamente, eso con frecuencia abre la puerta para que lleguen la maldición y los accidentes". El punto era que algunas personas que no están dando fruto pueden abrir la puerta espiritual a eventos que pueden conducir a accidentes o a la muerte.

Como ejemplo: hace algunos años, uno de mis convertidos espirituales estaba almorzando con mi familia; después de comer, condujo su automóvil por una colina y se estrelló contra una baranda. Volando por el aire, salió disparado de su automóvil, y dos días después murió en terapia intensiva. Los frenos de su auto habían fallado. Él sabía que los frenos estaban mal, pero no se tomó el tiempo de arreglarlos. Si los frenos hubieran estado bien, probablemente él aún estaría con nosotros.

Como Cristo subrayó aquella mañana, si una persona no hace su trabajo apropiadamente, puede causar un accidente. Algunos han partido porque no arreglaron sus frenos, porque el avión no se revisó apropiadamente, porque la instalación de la red eléctrica estaba mal hecha, o porque alguien se pasó la luz roja. Dios no causó el accidente, fueron los fallos humanos los que crearon las circunstancias.

La cuarta razón por la cual algunos mueren fue revelada en Lucas 13:11:

> Y había allí una mujer que desde hacía dieciocho años tenía espíritu de enfermedad, y andaba encorvada, y en ninguna manera se podía enderezar.

Esa mujer judía era hija de Abraham, y estaba atada por un espíritu de enfermedad. Algunas enfermedades son causadas simplemente por males, malas dietas, leyes de salud, etc. Pero algunas enfermedades son causadas por un espíritu de enfermedad. Un espíritu de enfermedad (esta palabra significa debilidad) había causado una enfermedad física por dieciocho años. Desde luego, Cristo liberó a la mujer y fue totalmente curada. Jesús le señaló al pastor Hallam que algunas personas mueren por males que son causados por espíritus de dolencia y enfermedad. Si una enfermedad que es causada por un espíritu no se trata, entonces la persona podría morir antes de su tiempo.

Cuando el pastor Hallam compartió conmigo esa poderosa visitación de Cristo, yo me sentí muy conmovido; era la mejor explicación que yo jamás había escuchado del porqué algunas personas mueren antes que otras. Era la única explicación que había escuchado que tenía sentido tanto racional como espiritual, porque era una palabra directa del Señor. Aunque puede que existan otras razones por las cuales la gente muere prematuramente, estas fueron las cuatro que el Señor le dijo al pastor Hallam cuando le habló acerca de accidentes y tragedias que pueden ocurrir.

Todos debemos reconocer que habrá momentos en que alguien, incluyendo a un maravilloso creyente en Cristo, muera y no haya ninguna explicación del porqué. Debemos entender que habrá algunas cosas que siempre serán un misterio para nosotros a menos que Dios mismo nos revele la razón. Por otro lado, deberíamos creerle a Dios para tener una larga vida y tomar todas las medidas necesarias para cumplir nuestros días.

Después de años de observar tragedias en las vidas de creyentes, creo que hay tres claves que, en muchos casos, pueden evitar que se produzcan tragedias:

1. Sea sensible a las circunstancias que le rodean.

He sabido de pilotos que no le hicieron caso a su sentido común y volaron en medio de terribles tormentas que terminaron en un accidente aéreo. Otras personas pasaron por alto el peligro y condujeron por carreteras inundadas sólo para ser arrastrados por la corriente. Tomar un atajo por una parte peligrosa de la ciudad puede terminar en tragedia. No deberíamos vivir con miedo, pero sí debiéramos ser sensibles a nuestras circunstancias y a lo que nos rodea, y ejercitar un buen juicio. Hacerlo nos ayudará a evitar una mala decisión que podría conducir a dificultades o incluso a perder la vida.

2. Siga la carga de su espíritu.

Cuando usted sienta una carga o peso en su espíritu, generalmente es una señal de que se acerca un cambio. También puede ser un "codazo" de advertencia de que un momento de dificultad se aproxima. Mi padre es un gran guerrero de oración que me enseñó que cuando sienta una carga interna, es una señal de orar o interceder por alguien. En tres ocasiones mi padre sintió un fuerte sentimiento de peligro, y en las tres ocasiones nuestra familia estuvo implicada en accidentes de automóvil. Nadie murió, y en dos de esos accidentes salimos de nuestro vehículo sin ningún rasguño. La oración previa había formado una coraza invisible.

Cuando sienta una carga en su espíritu, apártese a orar hasta que reciba descanso de la pesadez que esté experimentando. Ese descanso es una señal de que su oración ha sido escuchada y de que Dios se esta moviendo a favor suyo.

3. Sea sensible a las alertas del Espíritu Santo.

Hace años, un minero de carbón, que era cristiano, estaba orando antes de ir a trabajar, y fue impresionado fuertemente por el Espíritu Santo a que no fuera a trabajar esa mañana. Unas horas después, la mina local explotó, matando a todos los mineros. Hace años, mi padre viajaba hacia Ohio a visitar a su familia. Se detuvo en un lugar de descanso y observó que había una solitaria camioneta en el estacionamiento. Mi padre sintió un fuerte "codazo" del Espíritu Santo de no ir al baño de hombres, sino subirse al auto de nuevo e irse. Mientras lo hacía, tres hombres con aspecto rudo abrieron la puerta de la camioneta y corrieron hacia su auto. Papá se las ingenió para alejarse rápidamente. Sin duda, su intención era hacerle daño a mi padre, pero por su obediencia al Espíritu Santo, Dios lo libró del peligro. Si él no hubiera estado en sintonía espiritual con Dios, seguramente habría sido dañado.

¿Qué relación tiene con la Comunión?

Claramente, vivimos en un mundo dominado por Satanás y sus huestes de maldad (Efesios 2:2; 6:12). En ocasiones estamos sujetos a circunstancias que crean dificultades y peligro. La Comunión no puede prevenir un accidente, detener a un criminal, o evitar una tragedia inesperada, pero el tiempo de calidad que pasamos con Dios durante la Comunión puede alertar nuestros espíritus para ser sensibles al peligro y a las señales de advertencias para ayudarnos a completar nuestros días.

Para reflexionar

1. Antes del Diluvio, los seres humanos regularmente vivían más de novecientos años. Después del Diluvio, el periodo de vida de los seres

humanos decreció continuamente. ¿Cuáles son algunas de las teorías para esta disminución del tiempo de vida de los seres humanos?

____

____

____

2. En el Salmo 90:10 leemos la promesa final de Dios al hombre acerca de la largura de sus días. Escriba este versículo en las líneas siguientes.

____

____

____

3. A través de una revelación milagrosa de Dios al pastor Walter Hallam, quien perdió a su hija de diecisiete años en un accidente aéreo, le fueron dadas a Hallam cuatro razones por las cuales la gente puede morir prematuramente y no tener una larga vida, como promete la Biblia. Describa brevemente cada una de esas razones.

a. Lucas 13:1–2

____

____

b. Lucas 13:4

____

____

c. Lucas 13:6–9

____

____

d. Lucas 13:11

____

____

4. ¿Qué tres claves da este capítulo que prevenir que se produzcan tragedias?

   a.____

   ____

   b.____

   ____

   c.____

   ____

Capítulo 15

Siete pactos que traen bendiciones a su vida

> Pero ahora tanto mejor ministerio es el suyo, cuanto es mediador de un mejor pacto, establecido sobre mejores promesas.
>
> —Hebreos 8:6

A TRAVÉS DE NUESTRA RELACIÓN CON Jesucristo hemos entrado en un nuevo pacto. Muchos cristianos ven su relación con Dios como la de un pecador salvado por gracia y peleando con el diablo en el camino hacia el cielo, sabiendo que si puede mantenerse y soportar las pruebas, entonces habrá cumplido. Cuando era adolescente, yo veía así mi relación con Cristo; es decir, hasta los dieciocho años, cuando me tropecé con un librito sobre el tema de nuestro pacto con Dios. La información de ese librito cambió mi entendimiento.

Descubrí que yo estaba en pacto con Dios, al igual que Abraham y Dios habían hecho un pacto (Génesis 15:18). En una relación de pacto existe un intercambio de nombres, de posesiones y de poder. Dios le cambió el nombre de Abram por Abraham, comenzó a bendecirlo con posesiones, y demostró su poder por medio de la vida de Abraham. Mi esposa y yo entablamos una relación de pacto cuando intercambiamos votos matrimoniales. Mi esposa, Pam Taylor, cambió su apellido Taylor por mi apellido Stone; todo lo que yo tenía se volvió suyo, y todo lo que ella tenía se volvió mío. En los votos matrimoniales dijimos: "En lo bueno y en lo malo, en la riqueza y en la pobreza, en la salud y en la enfermedad". Era un compromiso de mantenernos unidos el uno al otro en los buenos y los malos tiempos. Nuestro matrimonio está basado en el amor incondicional del uno al otro. No demandamos nada el uno del otro, sino buscar hacernos felices el uno al otro y mantener fuerte el vínculo del pacto.

Todos los pactos bíblicos tienen ciertas condiciones situadas sobre las promesas. En el pacto abrahámico, Dios pidió que los padres circuncidaran el prepucio de sus hijos judíos ocho días después de haber nacido (Génesis 17:12). Esa circuncisión de la carne era una muestra (señal) de la relación del hijo con Dios a través del pacto abrahámico. Si un hombre judío no era circuncidado, entonces era cortado del pueblo:

> Y el varón incircunciso, el que no hubiere circuncidado la carne de su prepucio, aquella persona será cortada de su pueblo; ha violado mi pacto.
>
> —Génesis 17:14

En tiempos de Moisés, Dios sacó a la nación hebrea de la esclavitud egipcia, y lo hizo basándose en una promesa dada en Génesis 15:13. Una vez libres, unas semanas después, los hebreos hicieron un becerro de oro y enojaron a Dios. El Señor estaba listo para destruir a la nación entera y levantar una descendencia justa por medio de Moisés:

> Dijo más Jehová a Moisés: Yo he visto a este pueblo, que por cierto es pueblo de dura cerviz.
>
> Ahora, pues, déjame que se encienda mi ira en ellos, y los consuma; y de ti yo haré una nación grande.
>
> —Éxodo 32:9–10

A pesar de que era el pueblo con el que Dios había hecho un pacto, Él estaba dispuesto a destruirlos no porque no estuvieran circuncidados, sino porque estaban adorando a un ídolo. Cuando los hebreos desobedecieron conscientemente a Dios, el Todopoderoso no tenía obligación de honrar las promesas de su pacto. Las bendiciones del pacto están siempre basadas sobre la condición de la obediencia. Son estas condiciones las que nos inspiran a seguir la Palabra de Dios.

El factor "si"

La palabra *si* se usa 1,541 veces en la versión Reina Valera de la Biblia. La palabra puede significar: "en caso de que, dado que, en la condición de que". Hay tres áreas donde es muy significativo el uso de la palabra *si*:

- El "si" de Satanás
- El "si" del hombre
- El "si" de Dios

El "si" de Satanás

Durante la tentación de Jesús, Satanás usó el "si" dos veces. En cada ocasión, intentaba crear incredulidad en la mente de Cristo con respecto a su relación con Dios. Satanás demandaba que Jesús demostrase que Él era el Hijo de Dios:

> Y vino a él el tentador, y le dijo: Si eres Hijo de Dios, di que estas piedras se conviertan en pan.
>
> —MATEO 4:3

> Si eres Hijo de Dios, échate abajo.
>
> —MATEO 4:6

El "si" de Satanás está pensado para que usted empiece a cuestionar la Palabra de Dios. Cuando las cosas se desmoronan, las personas regularmente tienen pensamientos como: "si Dios me ama, ¿por qué me está pasando esto?", o: "si Dios escucha las oraciones, ¿por qué tarda mi respuesta?". Algunos cuestionan por qué no son sanados o por qué algunos miembros de su familia aún no se convierten. Cuando el enemigo ponga un "si" en su mente, siempre será para plantar una semilla de duda hacia las promesas de la bondad de Dios y su fidelidad.

El "si" del hombre

Un leproso desahuciado que acudió a Cristo corrió un gran riesgo al acercarse. La lepra se consideraba contagiosa, y la ley judía decía que un leproso debía mantenerse de cien a trescientos pasos alejado de cualquier persona limpia, dependiendo de la dirección del viento. En aquella ocasión, el leproso se postró a los pies de Jesús y dijo: "Si quieres, puedes limpiarme" (Lucas 5:12). Como respuesta, Jesús quitó el "si" y dijo: "Quiero, sé limpio" (v. 13). ¡Jesús quitó el "si" de la duda y el leproso fue inmediatamente sanado!

El "si" del hombre está relacionado con conocer la voluntad de Dios. El "si" de Satanás intenta hacer que una persona dude de las *promesas* de Dios, pero el "si" del ser humano empieza a dudar de la *disposición* de Dios a hacer lo que ha dicho. Sirve de muy poco creer que Dios puede si usted no cree que Dios lo hará. Piense por un momento. Dios *puede* salvar a los perdidos, ¿pero *salvará* Dios s su familia? Dios *puede* bautizar a los creyentes con el Espíritu Santo, ¿pero le *bautizará* Dios a usted con el Espíritu Santo? Dios *puede* sanar, ¿pero le *sanará* Dios a usted? El "si" del hombre cuestiona la disposición de Dios a cumplir sus promesas.

El "si" de Dios"

Por otro lado, el "si" de Dios es cuestión de la voluntad de usted de ser obediente a lo que Dios pide. Mientras que Satanás planta dudas con respecto a las promesas de Dios, y la mente humana se cuestiona la disposición de Dios, el "si" de Dios está basado en nuestra obediencia. Algunas veces, un "si" desempeña un papel muy importante para recibir una promesa de Dios. Por ejemplo, el Señor prometió:

> Si se humillare mi pueblo, sobre el cual mi nombre es invocado, y oraren, y buscaren mi rostro, y se convirtieren de sus malos caminos; entonces yo oiré desde los cielos, y perdonaré sus pecados, y sanaré su tierra.
>
> —2 Crónicas 7:14

> Si permanecéis en mí, y mis palabras permanecen en vosotros, pedid todo lo que queréis, y os será hecho.
>
> —Juan 15:7

> Si guardareis mis mandamientos, permaneceréis en mi amor; así como yo he guardado los mandamientos de mi Padre, y permanezco en su amor.
>
> —Juan 15:10

El "si" de Dios es siempre *una condición que cumplimos* para recibir las bendiciones que nos fueron prometidas. Si no nos humillamos y nos arrepentimos, entonces no podemos reclamar la promesa de ver nuestra tierra sanada. Si no permanecemos en Cristo, entonces no podemos reclamar la promesa de pedirle lo que deseamos de Él. Si no permanecemos en la vid (Cristo), entonces no podemos llevar fruto.

El pacto que tenemos con Dios contiene promesas y condiciones.

- Escuchar la Palabra es la primera condición.
- Creer la Palabra es la segunda condición.
- Actuar de acuerdo a la Palabra es la tercera condición.
- Obedecer la Palabra es la última condición.

Muchas veces me he preguntado si los milagrosos resultados en el ministerio de Cristo habrían sido diferentes si quienes necesitaban un milagro no hubieran obedecido completamente las instrucciones del Señor antes de la manifestación de la sanidad o de la liberación.

Si los discípulos le hubieran pedido al pequeño muchacho su almuerzo y le hubieran dicho: "Jesús necesita tu almuerzo", ¿qué habría pasado si el muchacho hubiera respondido: "Si les doy mi comida no tendré nada que comer"? Si la viuda de Nain le hubiera dicho a Jesús: "No interrumpas el funeral de mi hijo, pues sabes que si tocas este ataúd, serás impuro de acuerdo a la ley", ¿se hubiera levantado su hijo de entre los muertos? Cuando Jesús escupió en los ojos del hombre ciego y le dijo: "Ve y lávate", qué tal si él se hubiera quejado y hubiera dicho: "¿Estas loco? ¡Ahora, además de ser ciego, tengo lodo en mis ojos!". Cada milagro incluyó un acto de obediencia. A veces podría parecer tonto para la carne, y para algunos cristianos, actuar en obediencia y hacer lo que el Señor nos ha mandado hacer. Sin embargo, Dios ama y honra nuestra obediencia.

Su relación de pacto personal

Su relación de pacto personal con Cristo es la raíz de toda bendición espiritual, física, emocional y financiera que fluirá desde los graneros celestiales hacia su vida. Este pacto requiere que usted siga las instrucciones escriturales del Nuevo Testamento. Entender cómo Satanás, su mente humana y Dios utilizan la palabra *si*, es importante para reclamar los beneficios que han sido prometidos. De nuevo:

- El "si" de Satanás cuestiona la *Palabra* de Dios.

- El "si" del hombre cuestiona la *voluntad* de Dios.
- El "si" de Dios es una condición de la *obediencia* de usted.

Es importante entender el factor "si", porque el "si" de Dios es una condición, y cualquier pacto viene con ciertas condiciones adheridas. Cada pacto tiene tres elementos:

1. Promesas: lo que recibirá del pacto
2. Acuerdos: lo que el pacto espera de usted
3. Condiciones: lo que debe hacer para recibir el beneficio total del pacto

Así como el matrimonio es un pacto con estos tres aspectos, su caminar con Dios es también un pacto con estos tres mismos conceptos importantes.

1. Promesas

El día de su boda, una pareja repite una serie de votos para afirmar públicamente su compromiso el uno con el otro para toda la vida. Esos votos se hacen delante de un ministro, delante de la gente y delante de Dios.

Los pactos tanto del Antiguo como del Nuevo Testamento consistían en promesas. Promesas de Dios de liberar sus bendiciones y sus dones a aquellos que hagan un pacto con Él. Como la Escritura dice: "porque todas las promesas de Dios son en él sí, y en él Amén, por medio de nosotros, para la gloria de Dios" (2 Corintios 1:20).

2. Acuerdos

Después de que se repiten los votos, el ministro dice: "Aceptas...", y el hombre y la mujer responden con las palabras: "acepto". Una vez que la pareja está de acuerdo con las promesas, entonces el pacto de matrimonio está legalmente sellado a los ojos de Dios y de los testigos.

En la Biblia, Dios dio la revelación de los pactos, incluyendo las bendiciones y las promesas otorgadas por la obediencia. En el pacto de Abraham, los padres estaban de acuerdo en circuncidar a sus hijos como una señal del pacto. A su vez, Dios prometió establecer una nación poderosa y prosperar la descendencia de Abraham en todo aquello en que pusieran sus manos.

3. Condiciones

Aunque el amor debería ser incondicional, los votos matrimoniales vienen con condiciones espirituales. La condición es la *fidelidad* a tu cónyuge. Cuando un cónyuge es infiel y comete adulterio, entonces los votos de matrimonio se rompen. Algunos matrimonios han sido restaurados a través de la humildad y el arrepentimiento, pero muchas veces el acto del adulterio causa que el cónyuge sea aplastado en su espíritu, lo cual conduce a la separación y el divorcio.

Ese fue el caso de Israel cuando Dios sacó a la nación de la esclavitud egipcia. Días después, cuando Moisés estaba intercediendo y recibiendo la ley de Dios, los hebreos estaban danzando delante de un becerro de oro. Se encendió la ira del Señor y amenazó con destruir a Israel y levantar una nueva nación por medio de Moisés. Sólo por medio de la intercesión, Israel fue salvado (Éxodo 32:8–35). Después de años de rebelión israelita contra el Señor, Él finalmente dijo que se divorciaría de Israel:

> Ella vio que por haber fornicado la rebelde Israel, yo la había despedido y dado carta de repudio; pero no tuvo temor la rebelde Judá su hermana, sino que también fue ella y fornicó.
>
> —JEREMÍAS 3:8

En el nuevo pacto estamos comprometidos a permanecer en el Señor y mantenernos fieles a Él y a su Palabra (Juan 15:4–10). A medida que crezcamos en el Señor, experimentaremos bendiciones en cada área de nuestras vidas.

LAS BENDICIONES DEL PACTO

Nuestro pacto con Cristo impacta tres áreas mencionada en 1 Tesalonicenses 5:23:

> Y el mismo Dios de paz os santifique por completo; y todo vuestro ser, *espíritu, alma y cuerpo*, sea guardado irreprensible para la venida de nuestro Señor Jesucristo.
>
> ÉNFASIS AÑADIDO

Tres palabras del Nuevo Testamento identifican el área donde se produce la sanidad de Dios:

1. Justificación: Este es un acto espiritual en el que Dios libera el espíritu de la paga del pecado.
2. Santificación: Este es un acto espiritual en el que Dios libera el alma del poder del pecado.
3. Glorificación: Este es el último paso en la resurrección, en el que somos libres de la presencia del pecado.

Entre el momento de nuestra salvación (cuando somos justificados) y nuestra entrada al cielo (cuando somos glorificados), debemos caminar en el poder del Espíritu y vivir bajo las regulaciones y las promesas del nuevo pacto.

Los siete pactos

Existen siete pactos que Dios estableció y que están diseñados para ser una bendición para su vida.

1. El pacto de salvación

Este es el pacto más importante de la Escritura. Sin este pacto usted no tendría vida eterna. Se entra en este pacto cuando usted le pide a Cristo que le perdone sus pecados y le acepta como su Señor y Salvador. Pablo escribió:

> Porque con el corazón se cree para justicia, pero con la boca se confiesa para salvación.
>
> —Romanos 10:10

Este pacto derrota el pecado, que es inherente a todas las personas. Cada persona tiene el potencial de pecar. Cuando una persona se rinde al pecado, el castigo termina en muerte. Sin embargo, el poder de la sangre de Cristo sobrepasa el poder del pecado y de la muerte cuando una persona se arrepiente de sus pecados y recibe a Jesucristo como su Salvador personal.

2. El pacto de sanidad

Otro pacto es el pacto de sanidad. La desobediencia de Adán y Eva en el huerto de Edén produjo unos gemelos llamados pecado y muerte. En la cruz, Cristo trajo una doble cura para la doble maldición. Él venció a la muerte y al pecado, y se levantó de la tumba con autoridad sobre la muerte, el infierno y el sepulcro (Apocalipsis 1:18).

No existía la enfermedad hasta después de la caída de la humanidad. Las enfermedades físicas están ligadas a la caída de Adán y al proceso natural de envejecimiento. Cristo proporcionó algo más que victoria sobre el pecado; Él selló un pacto de sanidad al llevar en su cuerpo las enfermedades de la humanidad. Pedro escribió:

> Quien llevó él mismo nuestros pecados en su cuerpo sobre el madero, para que nosotros, estando muertos a los pecados, vivamos a la justicia; y por cuya herida fuisteis sanados.
>
> —1 Pedro 2:24

El cuerpo golpeado de Cristo selló el pacto de sanidad, y su sangre derramada selló el pacto de salvación. Cuando recibimos el cuerpo y la sangre de Cristo, significa que hemos entrado en el pacto de salvación y hemos creído que el pacto de sanidad de Cristo se manifestará en nuestros cuerpos físicos.

3. El pacto del Espíritu Santo

Cuando Jesús ascendió al cielo, Él les dijo a sus discípulos que enviaría a otro consolador para que permaneciera en ellos para siempre (Juan 14:16). La palabra *Consolador* es *parakletos*, que significa "uno que intercede por, uno que consuela o conforta".[1] Jesús es nuestro intercesor en el cielo, y el Espíritu Santo es nuestro intercesor en la tierra. El Espíritu Santo era una promesa para aquellos que estaban en pacto con Cristo. El don del Espíritu Santo (Hechos 2:18) es exclusivamente para los hijos de Dios (Lucas11:13). Él proporciona un lenguaje de oración para que cada creyente pueda comunicarse directamente con el Señor (1 Corintios 14:2). Cristo ha prometido el Espíritu Santo como una bendición por su obediencia al pacto.

4. El pacto de matrimonio

El matrimonio es entre un hombre y una mujer. Una mujer que es virgen derrama una pequeña cantidad de sangre en el momento de consumar el matrimonio con su esposo. Esto era tan importante en el Antiguo Testamento, que la mañana siguiente las sábanas de la cama se presentaban a los ancianos de la ciudad. Si la mujer no era virgen, era apedreada (Deuteronomio 22:14–21).

Este derramamiento de sangre demostraba que el matrimonio era un pacto de sangre entre un hombre y una mujer para toda la vida. El matrimonio es un pacto maravilloso y una gran bendición cuando una persona encuentre a su compañero de vida.

5. *El pacto de la iglesia*

> Porque por un solo Espíritu fuimos todos bautizados en un cuerpo, sean judíos o griegos, sean esclavos o libres; y a todos se nos dio a beber de un mismo Espíritu.
>
> —1 Corintios 12:13

Parecerá inusual decir esto, pero Dios ordenó la Iglesia, Cristo predijo el nacimiento de la Iglesia y se entregó a sí mismo por la Iglesia (Mateo 16:18; Hechos 20:28). La Iglesia no es una denominación en particular, sino que está formada por todos los creyentes que tienen un pacto de salvación con Cristo. La palabra griega para "iglesia" es *ekklesia*, que significa "llamado para una reunión".[2] La iglesia representa a "los llamados" que han sido llamados para recibir a Cristo.

Aunque cada creyente es parte de la Iglesia universal de Jesucristo, es importante encontrar una congregación local y participar con los creyentes locales. Recuerde: Cristo se dirigió a siete iglesias principales en el libro de Apocalipsis, y la Iglesia es su cuerpo. Pablo enseñó que los hombres deben amar a sus esposas como Cristo amó a la Iglesia (Efesios 5:25). Debemos respetar y amar a la Iglesia porque es la virgen que está desposada con Cristo (2 Corintios 11:2).

6. *El pacto familiar*

Dios ama a la familia. En el principio de la creación, los ángeles eran llamados hijos de Dios (Job 38:7). Después de la caída de Lucifer del cielo, Dios creó a Adán y fue llamado hijo de Dios (Lucas 3:38).

Después de la expulsión de Adán del Edén, Dios hizo un pacto con Abraham y sacó a Israel, a quien llamó "mi hijo" (Éxodo 4:22). Cuando Israel comenzó a romper el pacto, Dios entonces envió a su hijo unigénito, Jesucristo, quien no pecó; tampoco cayó para poder cumplir la misión de su Padre. Cristo entonces produjo una familia espiritual, y ahora nosotros somos llamados los hijos de Dios (1 Juan 3:2).

Dios deseaba una familia. Él tiene una familia espiritual de todas las naciones, reinos, lenguas y naciones (Apocalipsis 7:9). Dios entiende el gozo de tener un hijo o hija espiritual, verlos crecer y madurar, y escucharles decir: ¡"Padre, te amo"!

Dios les ha dado a los hombres y las mujeres de la tierra la capacidad de procrear y engendrar una familia. En una época en que los niños son rechazados en el vientre, son abandonados por sus padres, y sufren abusos por parte de los adultos, la Palabra de Dios dice: "He aquí, herencia de Jehová son los hijos; cosa de estima el fruto del vientre" (Salmo 127:3). Una de las razones por las que Dios escogió a Abraham como el hombre del pacto para dar nacimiento a la nación de Israel está escrita en Génesis:

> Porque yo sé que mandará a sus hijos y a su casa después de sí, que guarden el camino de Jehová, haciendo justicia y juicio, para que haga venir Jehová sobre Abraham lo que ha hablado acerca de él.
>
> —GÉNESIS 18:19

Dios vio que Abraham enseñaría a sus hijos y pasaría el pacto de generación en generación. Después de todo, ¡las bendiciones de Dios son generacionales!

7. El pacto financiero

El séptimo pacto que Dios estableció es un pacto financiero. Es la voluntad de Dios que su pueblo prospere en todo lo que hagan. La prosperidad está establecida tanto en el primero como en el segundo pacto.

> Sino acuérdate de Jehová tu Dios, porque él te da el poder para hacer las riquezas, a fin de confirmar su pacto que juró a tus padres, como en este día.
>
> —DEUTERONOMIO 8:18

> Amado, yo deseo que tú seas prosperado en todas las cosas, y que tengas salud, así como prospera tu alma.
>
> —3 JUAN 2

De estos siete pactos, observe cuántos están relacionados con la sangre, o con la sangre y el agua:

1. Salvación—por la sangre de Cristo y el bautismo en agua.
2. Sanidad—por las llagas (sangre) de Cristo.
3. Espíritu Santo—por la muerte, resurrección y ascensión de Cristo.
4. Matrimonio—se derrama sangre cuando una virgen consuma su matrimonio.
5. Iglesia—se es miembro a través de la sangre de Cristo y del bautismo en agua.
6. Familia—un niño nace en una mezcla de sangre y agua.
7. Finanzas—nuestras ofrendas a Dios se compara a los sacrificios en el altar.

Queda muy claro que a Dios le gustan los pactos y le gusta ver a su creación entrar en un pacto con Él.

Para reflexionar

En este capítulo el autor describe los siete pactos que Dios ordenó, y que están designados para ser una bendición para su vida. En las líneas a continuación de cada pacto, describa cómo ese pacto ya ha bendecido su vida. Luego escriba brevemente la bendición que aún está esperando de cada pacto.

1. El pacto de salvación

   Cómo me ha bendecido Dios por medio de este pacto:

   ____

   ____

   De qué manera sigo orando por la bendición de Dios por medio de este pacto:

   ____

   ____

2. El pacto de sanidad

   Cómo me ha bendecido Dios por medio de este pacto:

   ___

   ___

   De qué manera sigo orando por la bendición de Dios por medio de este pacto:

   ___

   ___

3. El pacto del Espíritu Santo

   Cómo me ha bendecido Dios por medio de este pacto:

   ___

   ___

   De qué manera sigo orando por la bendición de Dios por medio de este pacto:

   ___

   ___

4. El pacto del matrimonio

   Cómo me ha bendecido Dios por medio de este pacto:

   ___

   ___

   De qué manera sigo orando por la bendición de Dios por medio de este pacto:

   ___

   ___

5. El pacto de la Iglesia

   Cómo me ha bendecido Dios por medio de este pacto:

   ____

   ____

   De qué manera sigo orando por la bendición de Dios por medio de este pacto:

   ____

   ____

6. El pacto familiar

   Cómo me ha bendecido Dios por medio de este pacto:

   ____

   ____

   De qué manera sigo orando por la bendición de Dios por medio de este pacto:

   ____

   ____

7. El pacto financiero

   Cómo me ha bendecido Dios por medio de este pacto:

   ____

   ____

   De qué manera sigo orando por la bendición de Dios por medio de este pacto:

   ____

   ____

Capítulo 16

Edificar un altar en su hogar

> Y las enseñaréis a vuestros hijos, hablando de ellas cuando te sientes en tu casa, cuando andes por el camino, cuando te acuestes, y cuando te levantes
>
> —Deuteronomio 11:19

LA PRIMERA PASCUA FUE en una casa. La celebración de la Pascua judía hoy en día se celebra en la casa. Las primeras iglesias en el Nuevo Testamento fueron en casas. Los judíos creen que las casas son santuarios en miniatura, un lugar en donde la presencia de Dios debe habitar. Aun los dinteles de las puertas de las casas están marcados con la Palabra de Dios con un pequeño cilindro revestido de un pergamino llamado *mezuzah*. Con este énfasis en la casa, ¿por qué no deberíamos aceptar el concepto de que Dios nos permite comunicarnos con Él a través de la oración, la adoración, el estudio de la Biblia y la Cena del Señor en nuestras casas?

Cada familia debe tener un lugar especial en su casa para un altar familiar. En tiempos antiguos muchos santos tenían una zona especial en su dormitorio como su "cuarto de oración". Desde esa área especial el creyente leía la Biblia, conversaba con Dios en oración, presentaba peticiones de oración y pasaba tiempo en adoración. Mucha de la intercesión de los creyentes estaba centrada en la familia, especialmente en los hijos o los nietos.

En la Escritura, los hombres construían un altar como un memorial para recordar a todas las generaciones las promesas del pacto de Dios. Abraham, Isaac y Jacob, los tres construyeron altares y ofrecieron un sacrificio a Dios desde las piedras sagradas de los altares (Génesis 22:9; 26:25; 33:20). Cuando había necesidades especiales, los patriarcas regresaban al altar para recordarle a Dios sus promesas y su pacto.

Aun Cristo habló de tener un lugar especial donde usted pueda cerrar la puerta en secreto y orar:

> Mas tú, cuando ores, entra en tu aposento, y cerrada la puerta, ora a tu Padre que está en secreto; y tu Padre que ve en lo secreto te recompensará en público.
>
> —Mateo 6:6

Un altar es un lugar de encuentro entre una persona y Dios. Estamos familiarizados con los altares en las iglesias, pero también podemos apartar cualquier lugar en nuestras casas como nuestro lugar secreto con Dios.

1. *Aparte un lugar que no esté en el flujo del tráfico.* En nuestra casa tengo tres lugares que pueden usarse como un altar. El primero es una oficina personal con puertas que se pueden cerrar si decido orar. La segunda área es la sala de estar, la cual es un maravilloso lugar para orar por las noches, pues es un lugar muy silencioso y tranquilo. La tercera área es, o bien el dormitorio principal, o bien el cuarto de huéspedes. En algunas ocasiones, para no molestar a la familia, voy al cuarto de huéspedes y cierro la puerta para orar. Me gusta la idea de tener varias opciones en caso de que un área no esté disponible o haya mucho ruido.
2. *Tenga el material apropiado de estudio en el cuarto.* Esto incluye Biblias, otros libros y cuadernos de notas. Yo escribo notas a fin de poder después referirme a lo que he escrito.
3. *Encuentre un lugar donde pueda celebrar la Cena del Señor.* En mi oficina y en casa, siempre tengo jugo de uva y pan matzo.
4. *Ore por su familia.* Tanto el padre como la madre deberían orar por sus hijos. Aunque solamente esté el padre o la madre, use su autoridad espiritual para orar, enseñar y vivir como ejemplo.

Sanidad por medio de la sangre de Cristo

La mayoría de las iglesias cristianas aceptan la importancia de la salvación por medio de la sangre de Cristo. Hay muchas, sin embargo, que no aceptan o no comprenden totalmente el segundo aspecto de la obra expiatoria de Cristo, que es la sanidad por medio de la sangre de Cristo.

Dios estableció un pacto de sanidad con el antiguo Israel en el desierto. El Todopoderoso anunció que Él era el Señor quien les sanaba (Éxodo 15:26). Dios estableció un nombre del pacto de sanidad, Jehová Rafa, para identificarse como el sanador para su pueblo.

En todo el Antiguo Testamento, Dios realizó sorprendentes milagros para su pueblo escogido. En el Nuevo Testamento, la sanidad del cuerpo y del alma era un aspecto central del ministerio de Cristo, y el pacto de sanidad continuó en la Iglesia primitiva. Mientras que algunos teólogos relegan la sanidad física a tiempos anteriores y enseñan que la sanidad ya no es posible en nuestra época contemporánea, la Biblia contradice totalmente esta incredulidad teológica.

La profecía de Isaías

Setecientos años antes de Cristo, el profeta Isaías predijo que la venida del Mesías no sólo redimiría al hombre, sino que también establecería un pacto de sanidad con la gente. La Escritura dice:

> Mas él herido fue por nuestras rebeliones, molido por nuestros pecados; el castigo de nuestra paz fue sobre él, y por su llaga fuimos nosotros curados.
>
> —Isaías 53:5

Dios no sólo puso los pecados del mundo sobre Cristo, sino que también puso las enfermedades del mundo sobre Él. Mateo habló de esto:

> Y cuando llegó la noche, trajeron a él muchos endemoniados; y con la palabra echó fuera a los demonios, y sanó a todos los enfermos; para que se cumpliese lo dicho por el profeta Isaías, cuando dijo: El mismo tomó nuestras enfermedades, y llevó nuestras dolencias.
>
> —Mateo 8:16–17

Yo creo que las enfermedades de la humanidad y los pecados del mundo fueron puestos sobre Cristo en el huerto de Getsemaní; por eso su nivel de estrés fue tan intenso que su sudor se convirtió en sangre. Sabemos que, antes de la crucifixión, Cristo fue golpeado en su espalda con un látigo de mango corto con nueve cintas que terminaban en pedazos de vidrio o metal, hecho especialmente para rasgar la carne de la víctima, y formaba líneas de heridas y cicatrices en la espalda de la víctima.

¿Por qué las heridas de la espalda de Cristo serían la clave para recibir sanidad en nuestros cuerpos? Según la Historia, los romanos podían darle a una víctima un sinnúmero de veces con un látigo. La ley mosaica permitía que se dieran solamente hasta cuarenta azotes:

> Se podrá dar cuarenta azotes, no más; no sea que, si lo hirieren con muchos azotes más que éstos, se sienta tu hermano envilecido delante de tus ojos.
>
> —Deuteronomio 25:3

En tiempos de los romanos era común azotar una persona con treinta y nueve azotes. Pablo lo dejó claro al escribir de su persecución personal por predicar el evangelio:

> De los judíos cinco veces he recibido cuarenta azotes menos uno.
>
> —2 Corintios 11:24

Una vez leí que eso provenía de la creencia en que una persona que recibiera más de treinta y nueve azotes podía morir por el castigo, y el propósito de los golpes no era inducir la muerte, sino castigo por un delito grave. Las notas *Barnes Notes* sobre el Nuevo Testamento lo comentan:

> La práctica entre los hebreos era que el número de golpes impuestos, estaba, de hecho, limitado a 39, a menos que, por un accidente al contar, el criminal recibiera más que el número prescrito por la ley. Pero también había otra razón para limitar los golpes a 39. Ellos regularmente hacían uso de un flagelo con tres tiras, y se azotaba con él 13 veces. Que lo normal era imponer 39 latigazos se hace patente en Josefo, Ant. 4. viii, sección 21.[1]

El Comentario *Adam Clarke's Commentary* da detalles en la Mishna judía sobre cómo debía producirse el azote:

> "Las dos manos del criminal son atadas a un poste, y entonces el sirviente de la sinagoga le arranca o le rasga la ropa hasta dejarle descubierto el pecho y los hombros. Se pone una piedra detrás de él, donde se sitúa el sirviente, que sostiene un látigo hecho de piel, dividido en cuatro cuerdas. El verdugo tiene que dar una tercera parte del azote en el pecho del criminal, otra tercera en el hombro derecho, y la otra en el hombro izquierdo. El hombre que recibe el castigo no está ni sentado ni de pie, sino todo el tiempo encorvado; y el hombre lo golpea con toda su fuerza con una sola mano". La severidad de este castigo depende de la naturaleza del azote y la fuerza del ejecutante.[2]

Note las tres áreas del cuerpo donde se hacen las heridas:

1. Una tercera parte en el hombro izquierdo.
2. Una tercera parte en el hombro derecho.
3. Una tercera parte en el pecho.

Esto significa que Cristo fue golpeado trece veces en el hombro izquierdo, trece veces en el hombro derecho, y trece veces en el pecho. Esto es interesante porque la sangre del cordero en Egipto se ponía en tres lugares en los dinteles de las puertas: en el lado derecho, en el lado izquierdo y en la parte central de arriba. Las heridas estaban cerca de la parte alta del cuerpo, al igual que la sangre de Egipto estaba en las partes altas de la puerta.

El número trece es también interesante en la fe judía. Mientras que el trece se considera un número de mala suerte en Occidente, se considera un número bendito en la fe judía. Trece es la edad en la que un hombre joven (o mujer) entra en la edad adulta. Los religiosos judíos celebran el bar mitzvah cuando un hombre joven cumple los trece años de edad. Se convierte en un hijo del pacto y, en ese punto, ya es responsable de sus propios pecados. En la fiesta de los Tabernáculos (que representa el reinado futuro del Mesías), se ofrecían trece bueyes. En el tabernáculo y en el templo, la ofrenda de bueyes era el sacrificio de consagración para el sumo sacerdote y sus hijos (Éxodo 29:9–10). A los sacerdotes en Israel se les daban trece ciudades y sus suburbios.

En el poste donde lo azotaron, Jesús llevó las enfermedades de la humanidad. En sus hombros y lo alto de su espalda hay heridas, y en su pecho, el área de su corazón, hay también llagas y heridas. Estas llagas y heridas están representadas en el pan matzo que se utiliza en la Pascua judía durante la Pascua seder. El pan es delgado y se hornea sin levadura; tiene líneas similares a las heridas por todo el frente y la parte trasera del pan. Se hornea hasta que la superficie tenga un aspecto color marrón. Antes de meterlo a los hornos, se rastrilla la pasta húmeda y se le hacen perforaciones en la superficie.

Esta es una imagen perfecta del Mesías. Cristo dijo que Él era el pan venido del cielo (Juan 6:41). Sabemos que el maná, la comida que cayó del cielo en el desierto, es comida de ángeles (Salmo 78:25). Cristo era el verdadero pan del cielo. Él no tenía levadura (pecado), fue abatido y golpeado con látigos, y los clavos de la cruz hicieron agujeros en sus manos y sus pies.

Los azotes de Cristo fueron por nuestra sanidad. La cruz fue por nuestra salvación. El pecado de Adán trajo la doble maldición de pecado y enfermedad a la humanidad. ¡Cristo realizó la doble cura para la doble maldición!

Para reflexionar

1. ¿Qué pasos ha dado para establecer un altar familiar en su familia?

   ____

   ____

   ____

2. ¿Qué revela este capítulo sobre la importancia de los azotes que Cristo recibió antes de su crucifixión y cómo se relacionan con la sanidad?

   ____

   ____

   ____

3. Describa brevemente algunos de los hechos interesantes dados en este capítulo acerca del número trece.

   ____

   ____

   ____

4. ¿De qué manera están simbolizados los azotes que Cristo recibió por nuestra sanidad en el pan matzo que se utiliza en la celebración de la Pascua?

____

____

____

CONCLUSIÓN

MIS PALABRAS FINALES PARA USTED

DESPUÉS DE HABER MINISTRADO durante varios años sobre el tema de la Comunión diaria, he sido sorprendido y bendecido por los muchos testimonios de hombres y mujeres de todos los trasfondos denominacionales que recibieron esta verdad en sus espíritus y la pusieron en práctica. A lo largo de los años, hemos oído edificantes testimonios de cómo la Comunión fue una parte vital a la hora de que la persona recibiera una sanidad milagrosa de una enfermedad, o cómo fue la clave en una recuperación espiritual de algún ataque emocional del enemigo.

Como lo indiqué previamente, la Comunión no puede mantener a una persona viva para siempre en esta vida; tarde o temprano moriremos. Algunos parten en accidentes, otros por crímenes de hombres malvados y otros por enfermedades. Sin embargo, yo creo que la Biblia enseña que no debemos morir antes de nuestro tiempo establecido, y que debemos desear vivir todos nuestros días para poder tener una vida fructífera y productiva.

El hecho es que los cristianos fuertes que oran, leen la Biblia, asisten a la iglesia, diezman y dan ofrendas, y reciben la Comunión, son más felices y saben cómo relajar el estrés mejor que aquellos que no ven importancia alguna en estas actividades. ¡La Comunión es realmente un alimento que sana!

NOTAS

CAPÍTULO 1: EL PACTO DE SANIDAD DE DIOS PARA SUS HIJOS

1. Biblesoft, *New Exhaustive Strong's Numbers and Concordance with Expanded Greek-Hebrew Dictionary*, copyright © 1994, Biblesoft and International Bible Translators, Inc., s.v. "*sozo*," NT:4982.
2. Ibíd., s.v. "*holos*," NT:3650.
3. Ibíd., s.v., "*kanaph*," OT:3671.
4. Ibíd., s.v., "*dunamis*," NT:1411.
5. Justino Mártir, *The Second Apology of Justin for the Christians Addressed to the Roman Senate*, "Names of God and of Christ, their meaning and power," Christian Classics Ethereal Library, http://www.ccel.org/ccel/schaff/anf01.viii.iii.vi.html (consultado el 28 de mayo de 2008).
6. Ireneo, *Against Heresies: Book II*, "Further exposure of the wicked and blasphemous doctrines of the heretics," Christian Classics Ethereal Library, http://www.ccel.org/ccel/schaff/anf01.ix.iii.xxxiii.html (consultado el 28 de mayo de 2008).
7. Orígenes, *Contra Celsus, Book III*, capítulo 24, NewAdvent.org, http:// www.newadvent.org/fathers/04163.htm (consultado el 28 de mayo de 2008).
8. Clemente, *Two Epistles on Virginity: First Epistle*, "Rules for Visits, Exorcisms, and How People Are to Assist the Sick, and to Walk in All Things Without Offence," NewAdvent.org, http://www.newadvent.org/fathers/0803.htm (consultado el 28 de mayo de 2008).
9. Teodoro de Mopsueste, *Christlieb: Modern Doubt*, 321, en Adoniram Judson Gordon, *The Ministry of Healing* (Whitefish, MT: Kessinger Publishing, 2006), 62.

CAPÍTULO 2: ENTENDER LA COMUNIÓN

1. Plinio el Joven, *Complete Letters*, "Gayo Plinio al emperador Trajano, 96," trad. by P. G. Walsh (New York: Oxford University Press, 2006), 279.
2. Cambridge Encyclopedia, vol. 52, s.v. "monstrance," http://encyclopedia.stateuniversity.com/pages/15360/monstrance.html (consultado el 29 de mayo de 2008).
3. Britannica Online Encyclopedia, s.v. "consubstantiation," http://www.britannica.com/EBchecked/topic/134483/consubstantiation (consultado el 29 de mayo de2008).

4. John Charles Ryle, *Light From Old Times or Protestant Facts and Men (1890)* (Moscow, ID: Charles Nolan Publishers, 2000), 58–59.

5. Biblesoft, *New Exhaustive Strong's Numbers and Concordance with Expanded Greek-Hebrew Dictionary,* s.v. "*koinonia,*" NT:2842.

6. The Orthodox Union, "The Day of Atonement: The Temple Service on Yom Kippur," http://www.ou.org/chagim/yomkippur/ykavodah.htm (consultado el 29 de mayo de 2008).

CAPÍTULO 3: ¿QUÉ SIGNIFICA PARTIR EL PAN?

1. *Barnes' Notes*, base de datos electrónica, PC Study Bible V3.2F (www.biblesoft.com: BibleSoft, 1997), s.v. "Acts 2:42."

2. *Adam Clarke's Commentary*, base de datos electrónica, PC Study Bible V3.2F (www.biblesoft.com: BibleSoft, 1996), s.v. "Acts 2:42."

3. *Jamieson, Fausset, and Brown Commentary*, base de datos electrónica, PC Study Bible V3.2F (www.biblesoft.com: BibleSoft, 1997), s.v. "Acts 2:42."

4. *Matthew Henry's Commentary on the Whole Bible*, nueva edición moderna, base de datos electrónica. Copyright © 1991 by Hendrickson Publishers, Inc., s.v. "Acts 2:42–47."

5. A. T. Robertson, *Word Pictures in the New Testament* (Nashville, TN: B&H Publishing Group, 2000).

6. F. C. Cook, *The Bible Commentary* (Grand Rapids, MI: Baker Book House, 1981).

7. Thomas Whitelaw, *The Preacher's Complete Homiletic Commentary on the Acts of the Apostles*, vol. 25 (Grand Rapids, MI: Baker Book House, 1996).

8. J. R. Dummelow, ed., *A Commentary of the Holy Bible* (New York: Macmillan Publishing Co., 1973).

9. John Peter Lange, *Lange's Commentary on the Holy Scriptures* (Grand Rapids, MI: Zondervan, 1960).

10. Johann Jakob Herzog et al., *The New Schaff-Herzog Encyclopedia of Religious Knowledge* (New York: Funk and Wagnalls Company, 1910).

11. Biblesoft, *New Exhaustive Strong's Numbers and Concordance with Expanded Greek-Hebrew Dictionary*, s.v. "*dokimazo,*" NT:1381.

CAPÍTULO 4: SECRETOS EN EL HUERTO DE GETSEMANÍ

1. Biblesoft, *New Exhaustive Strong's Numbers and Concordance with Expanded Greek-Hebrew Dictionary,* s.v. "*agon,*" NT:73.

CAPÍTULO 5: EL MISTERIO DEL MANÁ

1. Biblesoft, *New Exhaustive Strong's Numbers and Concordance with Expanded Greek-Hebrew Dictionary,* s.v. "*mah,*" OT:4100.

2. Ibíd., s.v. "*kephowr*," OT:3713.
3. Ibíd, s.v. "*kaphar*," OT:3722.
4. Justino Mártir, tal como se cita en "The Meal of the Messiah in Jewish Sources," conferencia dada en Budapest por el decano y teólogo finlandés Dr. Santala, http://www.kolumbus.fi/risto.santala/buda/budap4.pdf (consultado el 24 de junio de 2008). El Comentario *Commentary on the New Testament From the Talmud and Hebraica* tiene un párrafo sobre la mezcla del vino y el agua en el Seder (Henrickson Publishers, Inc., 1989).
5. The Temple Institute, "Shavuoth," http://www.templeinstitute.org/ shavuoth/flour.htm (consultado el 24 de junio de 2008).

CAPÍTULO 6: EL SACERDOCIO DEL CREYENTE

1. Biblesoft, *New Exhaustive Strong's Numbers and Concordance with Expanded Greek-Hebrew Dictionary,* s.v. "*hagios*," NT: 40.
2. Charles George Herbermann et al., eds., *The Catholic Encyclopedia* (New York: Encyclopedia Press, 1913), 228, visto en http://books.google.com/boos?id=MnYqAAAAMAAJ&printsec=titlepage#PPA228,M1 (consultado el 30 de mayo de 2008).
3. Anthony John Maas, *A Day in the Temple* (Boston, MA: Adamant Media Corp., 2006), 73–74, facsímil íntegro de la edición publicada en 1892, visto en http://books.google.com/books?id=L43HKrWiM4YC&pg=PA73&lpg=PA73&dq=repairing+wall+in+holy+of+holies+priest+in+box&source=web&ots=9bKMEmiobP&sig=kzwhfHT834UCynbO3jXGqHWThuQ&hl=en (consultado el 2 de junio de 2008).
4. Alec Garrad, *The Splendor of the Temple* (Grand Rapids, MI: Kregel Publications, 2001), 70.

CAPÍTULO 7: EL MAYOR OBSTÁCULO PARA RECIBIR SANIDAD

1. Biblesoft, *New Exhaustive Strong's Numbers and Concordance with Expanded Greek-Hebrew Dictionary,* s.v. "*meno*," NT:3306.
2. Ibíd., s.v. "*zogreo*," NT:2221.
3. Ibíd., s.v. "*aphiemi*," NT:863.
4. Ibíd., s.v. "*skandalon*," NT:4625.
5. Ibíd., s.v. "*katesthio*," NT:2719.

CAPÍTULO 9: CUANDO LA ENFERMEDAD INTENTA REGRESAR A SU CASA

1. Tal como fue relatado al autor en 1979 por Leonard Davis, que estuvo presente en la reunión la noche en que oraron por la mujer.

CAPÍTULO 10: EL PODER SECRETO DE LA SANGRE DEL CORDERO

1. Biblesoft, *New Exhaustive Strong's Numbers and Concordance with Expanded Greek-Hebrew Dictionary,* s.v. "*dam*," OT:1818.

2. Este número es un cálculo de la cantidad de sangre derramada durante la Pascua, encontrada en la enseñanza sobre el tabernáculo del Dr. Randy Caldwell.
3. Dake's Annotated Bible, s.v. "Matthew 37:33," commentary b.
4. Jerónimo, The Principal Works of St. Jerome, "Letter XLVI. Paula and Eustochium to Marcella," Christian Classics Ethereal Library, http://www.ccel.org/ccel/schaff/npnF206.v.XLVI.htm (consultado el 24 de junio de 2008).
5. Biblesoft, *New Exhaustive Strong's Numbers and Concordance with Expanded Greek-Hebrew Dictionary*, s.v. "*sluwph*," OT:7779.

CAPÍTULO 11: LA DIDACHÉ Y EL BANQUETE MESIÁNICO

1. Kaufmann Kohler, "Therapeutae, " JewishEncyclopedia.com, http://www.jewishencyclopedia.com/view.jsp?artid=185&letter=T (consultado el 3 de junio de 2008).

CAPÍTULO 12: CÓMO RECIBIR LA COMUNIÓN

1. Biblesoft, *New Exhaustive Strong's Numbers and Concordance with Expanded Greek-Hebrew Dictionary*, s.v. "*dokimazo*," NT:1381.

CAPÍTULO 15: SIETE PACTOS QUE TRAEN BENDICIÓN A SU VIDA

1. Biblesoft, *New Exhaustive Strong's Numbers and Concordance with Expanded Greek-Hebrew Dictionary*, s.v. "*parakletos*," NT:3875.
2. Ibíd., s.v. "*ekklesia*," NT:1577.

CAPÍTULO 16: EDIFICAR UN ALTAR FAMILIAR EN SU HOGAR

1. *Barnes' Notes*, s.v. "1 Corintios 11:24."
2. *Adam Clarke's Commentary*, s.v. "1 Corintios 11:24."